岡野あつこ

なぜ「妻の一言」はカチンとくるのか？

夫婦関係を改善する「伝え方」教室

JN258941

講談社+α《プラスアルファ》新書

なぜ「妻の一言」はカチンとくるのか？　夫婦関係を改善する「伝え方」教室／目次

はじめに

第一章 なぜ「ささいなこと」が許せないのか

第二章　「伝え方」一つで夫婦は破綻する

第三章　日本人はアピールが下手すぎる

第四章　「愛しているフリ」でうまくいく

第五章　もっと「したたかな人」になりなさい

第六章　「この一言」だけは絶対に言ってはいけない

はじめに

「一五分に一度ジュースを飲みに来る夫」が許せない

はじめまして。離婚カウンセラーの岡野あつこと申します。都内で離婚相談室を運営しているほか、全国各地で離婚カウンセラーの育成も行っています。

さて、突然ですが、まずみなさんにちょっとしたクイズを出したいと思います。

次にあげるのは、私が実際に離婚相談を受けた事例です。「夫のちょっとした行動が許せない」という相談ですが、妻のほうではこれを理由に離婚を考えているとのことでした。

この夫婦はどうすればよかったでしょうか。みなさんも少しだけ考えてみてください。

相談者は四〇代の女性、パートで働いている主婦で、四〇代の夫と一〇代の娘との三人暮らし。結婚したのは約二〇年前とのこと。

ちなみに、この「結婚して二〇年」というタイミングは、実は夫婦関係が危機を迎えやすいタイミングです。子育てが一段落すると、夫婦関係のほころびに目がいきやすいのです。

そんな難しい時期に、コロナが流行しました。「ソーシャルディスタンス」が叫ばれ、外出自粛が求められ、リモートワークやリモート授業が普及しました。

夫の会社でもリモートワークが導入され、家で仕事をすることになりました。

夫には自分の部屋があるので、日中は自室にこもり、仕事をしていました。一方、相談者である妻は日中は家事をしていて、だいたいリビングかキッチンにいます。

妻が家事をしている間、夫は自分の部屋からしょっちゅう出てきて、リビングでダラダラしたり、キッチンに来てジュースやお菓子を取っていくそうです。

それも、たまに休憩に来るという程度ではなく、一五分に一度と、かなりの頻度だそうです。しかも、夫はキッチンやリビングにやって来るたびに、「もうこんな仕事は辞めたい」とか「うちの会社なんて潰れてしまえばいいのに」など、ネガティブなことを言ってくる。

相談者はそんな夫の行動が嫌でたまらないと言います。

夫は友達が少なく、これといって趣味もないので、土日もずっと家にいます。

相談者はパートをしていますが、夫が家にいると心が休まらないので、パート以外の日もなるべく家を空けているそうです。

「一五分おきに夫がジュースを飲みに来るのが耐えられない」

それだけを聞くと、「そんなことで？」と思ってしまうかもしれません。

でも、相談者の女性は真剣そのもの。

「この先の人生を考えると、耐えられないほどの恐怖を感じる」とまで訴えます。

女性は、こうした自分の気持ちを書き留めるつもりでＬＩＮＥで自分宛に送っていたのですが、不運にも、それを夫に見られてしまいました。夫はショックを受け、「もう気持ちがないことは薄々気づいていた。もういいよ。離婚しよう」と言ってきたそうです。

「たかがジュース」のはずが、離婚話にまでなってしまい、さすがにショックを受けた妻は、私のところに相談に訪れたのです。

さて、みなさんならこの夫婦にどうアドバイスしますか？

「モラハラ夫」が増えた理由

いま、熟年離婚がますます増加しています。熟年離婚とは二〇年以上同居した夫婦が離婚することですが、二〇二二年にはその年に離婚した夫婦の約二三・五パーセントと、戦後すぐの一九四七年に統計を開始してから、過去最高となってしまいました。離婚した夫婦のうち、四組に一組が熟年離婚というほどです。

私はこれまで約四万件の離婚相談を受けてきました。

離婚相談というと、「夫が外に愛人をつくって家にお金を入れないから離婚したい」といったケースをイメージされる方が多いかもしれません。

たしかに、かつての離婚相談はそういった「不貞行為や金銭トラブルなど、夫もしくは妻が問題行動を取っている」ケースが大半でした。

しかし、最近そういう「夫の不倫・問題行動」に由来する相談は減っています。代わりに増えているのが「モラルハラスメント（モラハラ）」、および「価値観の相違」の相談です。

「モラハラ」とは一言で言うと「道徳・倫理に反する嫌がらせ行為」です。

たとえば専業主婦の妻に対して「家事のやり方がおかしい」と難癖をつけ、「だからお前は人としてダメなんだ」といった人格攻撃を繰り返す、などの行為が「モラハラ」とされます。

こうした「モラハラ」は三船美佳さんと高橋ジョージさんの離婚騒動がきっかけとなり、日本でも広く知られるようになりました。

家族に暴力を振るう「ドメスティック・バイオレンス（DV）」に対して、暴力を振るうことはないが、相手の人格を否定したり、侮辱したりして精神的に傷を負わせる点に特徴があります。

DVの問題点について広く認知されるようになり、逮捕のリスクや裁判を恐れて、身体的暴力を自制する人が増えました。代わりにパートナーへの怒りを、言葉や態度で表明する人が増えた結果、「モラハラ」が急増しています。

経験上、「モラハラ」をするのは男性のほうが多いようですが、彼ら「モラハラ夫」は、「妻が間違ったことを言っている・やっている。自分は間違いを指摘しているだけだ」とよく言うものです。

このように、一見「これは暴力・ハラスメントではない」という言い訳が成り立つのが「モラハラ」の特徴であり、厄介なところです。

「モラハラ」を受けている側が、ずっと批判されているうちに、「本当に自分が悪いのかもしれない」と、「洗脳」されることもあります。

ただ、先述の通り「モラハラ」の概念が広まったことで、「あれ？　これってモラハラかもしれない」と気づき、相談に来る人が増えているのです。

「割り切って遊ぶ人」が減った

私は昭和の生まれですが、かつての日本社会は男性の不品行に対していまよりも寛容でした。

先述の通り、昔の離婚相談といえば「夫の不倫」が理由の大半で、愛人から「私と奥さんとどっちを選ぶの」などと言われて、仕方なく離婚を選択する、といったケースがよくありました。

社会の価値観としても、「一生懸命働いて稼いでいる男性が、家庭を壊さない範囲で割り切って遊ぶのは問題ない」とされがちでした。離婚相談に来る人の中にも、割り切って愛人と遊んでいる人がたくさんいました。

しかし、最近そういう人は減った印象があります。

中高年の実質賃金が減り、遊ぼうにも自由に使えるお金があまりないというのも一因かもしれません。

また、社会全体の倫理観が厳しくなり、「家庭を壊さなければ外で遊んでもいい」という考え方は否定される傾向になりました。

ただ、男性を浮気に走らせていた背景に存在したストレスがなくなったわけではありません。むしろ、社会や技術の進歩により、会社で求められる仕事はより複雑で高度になり、仕事のストレスは増えています。

女性の社会進出が進み、共働きが当たり前になっています。家事は平等に分担するのが当然で、仕事から帰ってもくつろぐ暇がありません。

こうして蓄積されたストレスを、ついつい家庭で爆発させてしまい、「モラハラ」に走ってしまう人が増えたのかもしれません。

「不器用な人」が増えている

「割り切って遊ぶ人」が減ったもう一つの理由は、「不器用な人」が増えていることにあると思っています。

かつてと比べて、離婚相談に来る人の大半は「真面目な人」ばかりです。

一生懸命に仕事をして、家事も子育てもやっている。不倫もしていない。DVもない。そんな人たちが「もう夫婦関係を続けられない」と言って、続々と離婚相談に訪れています。

こういう真面目な人は、物事を論理的、合理的に考える傾向があります。大学受験や、就職後の仕事を通じて、合理的な考え方や行動を求められてきた、という面も大きいでしょう。そのため、人間関係、夫婦関係についても、論理的、合理的に捉えがちです。その結果、社会の倫理観に基づいて、相手の行動の「善悪」を判断しようとします。

いまは「家事は男女で平等に負担すべきだ」という考え方が「社会一般の倫理観」となっていますので、妻のほうも「うちの夫は家事をしない、だからダメ人間だ」などと「断罪」しがちです。

しかも自分の判断は「社会一般の倫理観」に照らした論理的、合理的なものだと思っていますので、本人は自信満々です。あちこちで「うちの夫はダメ人間だ」と言いふらしますし、本人に面と向かって言うこともあります（これがエスカレートしたものが妻側からの「モラハラ」でしょう）。

男性が女性に対して「うちの妻は家事をサボるからダメ人間だ」と「断罪」することもあります。

このように、何かしら人間関係のトラブルが起きると「白黒はっきりつけようとする」人がすごく増えたと感じます。

「真面目な人」ほど損をしている

しかし、「白黒はっきりさせる」ことがいつも「正しい選択肢」とは限りません。人間関係のトラブルというものは、「どちらかが一方的に悪い」とはならないのが普通です。

車に乗る方はよくご存知でしょうが、交通事故を起こした場合、「過失割合」というものを算定します。「この事故は七対三で追突したほうが悪い」など比率を割り出して、これに基づいて具体的な補償額を決定するわけです。

この「過失割合」はよほどのことがない限り「一〇対ゼロ」のような一方的な数字にはなりません。「責任の大半はぶつけたほうにある」という場合でも、「ぶつけられた側も注意を怠っていた」などと判断され、「一割〜二割ほどは過失があった」とされるのが普通です。

人間関係もこれと同じで、ケンカになった場合でも、「一〇対ゼロで夫が一方的に悪い」などというケースはまず存在しません。

「夫のモラハラ的な発言はたしかによくないものの、妻が挑発したのも問題だ」といったふうに、双方に反省すべき点があることがほとんどです。

でも、「真面目な人」ほど、「双方に非がある」と認めたがらないのです。こういう人は「社会一般の倫理観」に基づいて、「論理的、合理的」に判断していると思っていますので、「自分は一方的に正しい」と主張しがちなのです。

もちろん、それが悪いというわけではありません。ケースバイケースではありますが、こういう真面目な人は根拠があって言っているわけです。決して間違ったことを言っているわけではありません。

しかし、「白黒はっきりさせる」ことが、人間関係においては最適解とは限りません。どんなに正しい主張であっても、ときには曲げたほうが人間関係がうまくいくこともあります。

そもそも、「白黒はっきりさせる」のは、「どちらか一方が一〇〇パーセント悪いことなんてほとんどない」という現実を無視しているとも言えます。

その結果、本人は正しい主張をしているつもりでも、結果的にトラブルの連続となることもあります。

このように「真面目な人」ほど、人間関係で損をしがちなのです。

人間関係を上手に構築している人、つまり世間から「コミュ力が高い人」「器用な人」と言われる人ほど、「白黒はっきりさせる」ことをせず、「両者を立てて丸く収め」ていたりします。

コロナ禍で離婚相談が急増したワケ

コロナ禍以降、離婚相談全体の件数も急増しています。

ステイホームが当たり前になり、「仕事が忙しい」という言い訳で愛人に会いに行くことができなくなったことも、離婚相談が増えた原因の一つです。

もう一つ、「真面目な人」からの離婚相談が増えた、という理由もあります。
コロナ禍では、感染拡大防止のために、外出自粛や、ソーシャルディスタンスの確保が求められました。リモートワークを導入した企業も多く、会社に行かず、家で仕事をする人が激増し、夫婦が向き合う時間が増えたのです。

仲のいい夫婦にとってはうれしい出来事かもしれませんが、不満が溜まっている夫婦や、すでに関係が冷え込んでいた夫婦にとっては、むしろストレスが増大する状況でした。

とくに、先述したような「真面目な人」の夫婦が、真っ先に危機を迎えたのです。

在宅勤務をするようになると、お互いの嫌なところがどうしても目についてしまいます。
「コミュ力が高い人」「器用な人」なら、いい意味で「なあなあの態度」を取り、丸く収めようとするでしょうが、「真面目で不器用な人」はそうした要領のいい行動が苦手です。
むしろ、「社会一般の倫理観」に照らして、相手の行動の間違いを指摘しようとします。
その結果、コロナ禍で「我慢が限界に達した」という夫婦が続出したのです。

さて、長らく引っ張って申し訳ありませんが、そろそろ冒頭のクイズの答えを考えてみたいと思います。

冒頭にあげたのは「リモートワークになった夫が、一五分に一度ジュースを飲みに来るのが許せない」というケースでした。

ただ、客観的に見て、夫の行動に問題はありません。厳しく見れば一五分に一度の休憩はリモートワーク中とはいえ少々頻繁すぎるかもしれませんが、それは会社が気にすることで、妻が怒る必要はありません。

要するに、浮気しているとか、身体的暴力がひどいといった即アウトの行為ではなく、「モラハラ」をしているなど、夫が「社会一般の倫理観」に外れた問題行動を取っている、というわけでもありません。

つまり、妻が「我慢できない」と言っているのは、「自分の感覚」、もっと言えば「夫婦の価値観の違い」の問題なのです。

「ちょっとしたこと」が一番厄介

実は、こういう「一見ささいな感覚・価値観の違い」こそ、もっとも厄介で根深い問題だったりします。

「一五分に一度ジュースを飲みに来る」くらいは「ささいなこと」だから、我慢すればいいのに、と部外者には見えるわけですが、「ささいなこと」ほど、「カチン」とくるのです。

一見「ささいなこと」でも、当事者にとってはどうにも我慢できないほど嫌で、切実な問題という場合も非常に多く、離婚の原因になってしまうことも多いのです。

以前、長住哲雄さんとの共著で『まだ、僕の妻でいてくれますか？』（グラフ社）という本を出版しました。この中で、既婚女性を対象にしたアンケート調査の結果を紹介しています。

既婚女性が自分のストレス源としてあげた第一位は「夫のこと」。第二位も「夫の家族」と、夫関連です。

「夫のどういうところをストレスと感じているか」と聞いたところ、第一位は「夫がいること自体」と、身も蓋もありません。

第二位は「夫の言動」。以下、第三位「夫の仕事の問題」、第四位「自分の親と夫の関係」と続きます。

また「夫の言動」を細かく見てみると、第一位「ちょっとしたクセ、習慣、生理的なこと」、第二位「いろんなことに口出し・干渉する」、第三位「人にいばる、批判する」、第四位「何もしてくれない」、第五位「金遣い・浪費グセ」という結果でした。

「ちょっとしたクセ、習慣、生理的なこと」は、人間関係においてもっとも妥協しにくい「切実な問題」です。

むしろ、「家を買うべきか」「子どもをどの学校に入れるか」といった、一見モメそうな大きなテーマのほうが、折り合いをつけられるもので、離婚の原因には滅多になりません。

では「ちょっとしたクセ、習慣への嫌悪感」は、なぜ耐えられないのでしょうか。

その理由は一言で言えば、これらが「性格や価値観の違い」に根ざす問題だから、ということでしょう。

どちらか一方がいい、悪いという問題ではなく、感覚的なもので、「なぜ嫌なのか」を本人もうまく説明できません。理由はわからないけど、とにかく嫌だから、嫌なのです。

こういう問題については理屈で考えてもどうにもなりません。

自分の好みを押しつけて、「あれをするな、これをするな」と言うと、モラハラになってしまうかもしれませんし、また、そうやって文句をつけたところで、相手が対応してくれる望みも薄いのです。

相手の性格や価値観を尊重し、許容するしかありません。「あの人はこういう人だから仕方ない」と諦めるしかないのです。

「夫の謎行動」に秘められた「本当の意味」

では「一五分に一度ジュースを飲む夫」の夫婦は、どうすべきでしょうか。

そもそも、夫はなぜ「一五分ごとにジュースを飲みに来る」のか考えてみます。夫はジュースを飲みに来るたびに、「うちの会社なんか潰れればいい」などとネガティブな発言を繰り返していました。

夫は四〇代で、本来は会社で重責を担うべき年代です。なのに夫が頻繁に仕事をサボり、不満をまき散らしているのは、何か仕事に集中できない理由、事情があると予想できます。

夫は、会社で思うように評価されないとか、理不尽な扱いを受けている、といった不満を溜めているのではないでしょうか。

「一五分に一度ジュースを飲みに来る」という「頻度」は、夫の不満がかなり強いことを示唆しています。

夫は精神的に限界に近く、家族のサポートを求めているのかもしれません。仕事の愚痴を聞いてほしいがゆえ、ジュースにかこつけて妻のいるキッチンに来ていたのではないでしょうか。

仕事がつらい。もう会社に行きたくない。でも家族のことを考えると、いま会社を辞めるわけにはいかない。そう思って夫は人知れずがんばっていたわけです。

妻が察してくれることを、夫は期待していたのかもしれません。しかし、妻のＬＩＮＥを見てしまった夫は、その望みが叶わなかったことを悟ったのではないでしょうか。

以上が、私が推理した「夫が離婚を切り出した背景」です。

この推理が正しいとしても、だからといって、妻が「生理的な嫌悪感」を我慢すれば済む話じゃないか、という結論を出すつもりはありません。

ただ、夫が「一五分に一度ジュースを飲みに来る理由」がわかれば、妻側が譲歩する気持ちが生まれてきます。「ジュースを飲みに来るのは生理的に嫌だけど、夫も仕事で大変だし、ここは譲ってあげよう」と思えるかもしれません。

合理的に、とにかくカチンときても我慢するんだと自分に言い聞かせたとしても、そういう無理は「真面目な人」には続きません。譲歩して納得したほうが建設的です。

「察してほしい」をやめる

長らく夫婦をやっていると、どうしても「カチンとくる」ことはあります。

それを避けることは難しいため、「カチン」ときても、ある程度やり過ごしたり、お互いに妥協するようにしないと、夫婦関係を続けることは難しいでしょう。

そのためにもっとも重要なのは、「コミュニケーション」、要は「伝え方」だと思います。

「一五分に一度ジュースを飲む」ケースで再度、考えてみましょう。

夫は、自分の気持ちを妻に察してほしいと思っていました。少なくとも私にはそのように見えます。

日本は「察し」の文化で、同調圧力が強い社会なので、この夫と同じように思う人も多いと思います。

でも、実際に気持ちを察してくれる人なんてまずいません。夫婦や家族、親友であっても、自分から積極的に伝えなければ、察してくれることはありません。

もちろん、長いつき合いなら、ある程度は「あうんの呼吸」もあるでしょうが、それは例外だと思ったほうがいいでしょう。

だから夫は、「一五分に一度ジュースを飲みに来る」ことで察してもらおうとするのではなく、妻に対して「いま会社でつらい目にあっている、その悩みを聞いてほしい」と、きちんと伝えればよかったと思います。

夫はもしかしたら「四〇代にもなって悩んでいるのが格好悪い」と思っているかもしれません。あるいは「仕事の苦労話を打ち明けても、どうせ妻は自分がしっかりすればいいとか、文句を言うばかりで、悩みを聞いてはくれない」と決めつけている可能性もあります。

それでも、妻に話すことから逃げていては、何も解決しないでしょう。それどころかトラブルが余計エスカレートしてしまいます。

事実、「一五分に一度ジュースを飲みに来る」ことで察してもらおうとした夫は、結局、妻に離婚を切り出すことになってしまいました。

本書では、私の離婚カウンセラーとしての経験に基づいて、こうした「ささいな不満」にまつわるトラブルを解決するためのヒントを整理しました。

どうすれば「カチンとくる」言い方や行動を避けられるか。

あるいは「カチン」ときても、こういう言い方や行動、考え方ならトラブルを回避できる、という具体的なノウハウを解説しています。

夫婦問題をテーマにしたコミュニケーション改善について話してはいますが、いまの世の中、職場や家庭、子どもや介護にまつわる悩みを解決するヒントにもなるのではないかと思います。

本書を通じて、多くの方の悩みを少しでも解決できるなら、これ以上の喜びはありません。みなさんの普段の人間関係に役立てていただければ幸いです。

第一章　なぜ「ささいなこと」が許せないのか

「食洗機の音がうるさい」で離婚

次のケースについて、みなさんはどう思われるでしょうか。

一年ほど前、ある女性が私のところに相談にやってきました。年齢は五〇代で、お子さんが三人います。

相談内容は「夫のモラハラに悩んでいる」というもの。ただ、彼女の話を聞いた私はびっくりしてしまいました。

夫が「食洗機の音がうるさい」と言って怒る、それが耐えられないので離婚を考えている、というのです。

たしかに食洗機の音は結構うるさいので、ストレスに感じる人もいるかもしれません。でも、相手が離婚を考えるくらい怒るのはひどい気がします。

相談者の女性は「モラハラ」と言っていますが、そもそも家事に口出しされるのは嫌なものです。先述の既婚女性へのアンケートでも、夫の嫌な言動の第二位に「いろんなことに口出し・干渉する」が入っていました。

ただ、くわしく話を聞いてみると、もっと違う問題が浮かび上がったのです。

夫は父の経営する会社の副社長で、仕事ができるタイプ。段取りがよく、妻にもテキパキとした要領のよさを求めるそうです。

一方、相談者女性はエステサロンのオーナーをやっていましたが、あまり段取りがよくないタイプです。結婚後は専業主婦ですが、よく家事のやり方が悪いと怒られているそうです。

とくに夕食の用意の仕方が夫から不評のようです。この夫婦は専業主婦の妻が夕食をつくる約束になっています。夫は夜九時には自室に引き上げる習慣なので、夕食は六時から七時くらいにとりたいのですが、いつも夕食の支度が間に合わないそうです。

六時に夕食なので、四時とか、五時くらいには準備をはじめる必要があります。でも妻は夕方になってもつい、かかってきた友達からの電話に丁寧に対応したり、ＬＩＮＥをしたりしていたようです。

そういうダラダラしたところが夫には耐えがたいようです。ちなみにこの家庭では日中の家事代行サービスを頼んでいて、掃除などの家事の負担はないそうです。

夫は仕事以外のことでもきっちりしていて、こだわりが強いタイプ。ちょっとした買い物でも「チーズはこの店でしか買わない」とか、細かいルールがたくさんある人です。ちょっと面倒くさいタイプと言ってもいいかもしれません。

食器も高価なものばかりで、重ねると傷がつくので、扱う際は細心の注意が必要です。そのため、普通の家庭よりも夕食の支度は大変かもしれません。

でも、夫としては、お手伝いさんもいるし、食材の宅配サービスも使っているので、家事がそんなに大変なはずがない、単に妻の要領が悪いから、夕食の支度が遅れると思っているようです。

夕食が遅れるだけでなく、後片付けにも時間がかかるため、食事が全部終わって食洗機をかけるのは夜九時以降。でも夫は夜九時には自室に引き上げ、日によってはそのまま就寝するので、寝入りばなの時間に食洗機が動いてうるさい、寝付けない、となってしまうのです。


こう聞くと、夫の言い分にも一理あるようです。

夫は子育てにも細かいタイプ。平日の昼間に子どもがサッカーの練習をしに出かけていると、妻に突然電話がかかってきて「三時までに子どもの着替えを用意して塾に届けて」などと「指示」されることも珍しくないとか。

でも妻は「いつも来るわけではない指示」を待たずに外出してしまう。夫から携帯に電話があっても、「いま家にいないのでできない」と断るそうです。

そんなとき、夫は「残念だったね」と嫌味を言うとか。もちろん「テキパキ用事をこなして、名誉挽回するチャンスをふいにしたね」という意味です。

妻は夫のこういう言い方を「モラハラ」と受け取っています。

段取りが悪いのは「わざとやっている」

このケース、みなさんはどう思われるでしょうか。

相談者女性は自ら望んで専業主婦になったので、自分が家事をやること自体は納得しています。でも「段取りが悪い」と夫に怒られるのは我慢できない、という相談です。

原因が本当に「段取りの悪さ」であるなら、改善策はあります。

調理済みの食材を使えば時短になるでしょうし、お盆を使うとか片づけの時短テクもいろいろあります。「高価な食器だから片付けに時間がかかる」と相談者女性は言いますが、だったらお皿の間に紙などをはさむとか、いろいろ提案しても、相談者女性はやろうとしません。自分から段取りをよくする気がないのです。

そもそも、夫から「うるさい」と苦情が出ているのに、寝入りばなの時間に食洗機を使うのは、わざと嫌がらせをしているように見えなくもありません。

せめて、「いま食洗機を使ってもいい？」などと聞けば、ケンカは避けられるかもしれないのに、それさえしていないのです。

夫からすると一種の当てつけ、挑発のように感じてしまうかもしれません。

もちろん、家事のことで激しく怒る夫はよくないと思いますが、妻のほうにも改善すべき点があるように思いました。

相談者女性にそう指摘したところ、「そんなことはありません」という返事。「岡野先生はいろんな夫婦を見ているからそう思うのかもしれませんが、私たちは違う」と、取り付く島もありません。

「生活費だけもらって別居」はありえない

夫に話を聞いてみると、「妻が家事をやらないので怒っている」と言います。「専業主婦で時間はある。お手伝いさんも雇っている。なので、家事の負担は軽いはずだ」と。

一方、妻は「細かいルールが多いので、お手伝いさんがいても、細かく指示しなければならず、自分の負担が減るわけではない」と言います。

また、「そもそもいまの時代に妻が夫に唯々諾々と従っているのはよくない、もっとおかしいことはおかしいと主張すべきだ」とも言っていました。

いずれにせよ、お互いの言い分が食い違い、不満の応酬になってしまっていました。

妻の友達も「離婚したほうがいい」とアドバイスし、「別居」をすすめる人もいました。

「夫はお金持ちだから、生活費だけもらって、別々に暮らせばいい」と言うのです。

こういうとき、友達の意見は参考にしないほうがよかったりします。友達は自分の味方をしてくれますが、客観的・中立ではありません。妻側の友達はいつも決まって「夫が悪い」と決めつけるもの。友達が「離婚すべきだ」と言っても、それは夫婦がここまで乗り越えてきた積み重ねの歴史を無視した偏った意見であることを肝に銘じておくべきです。

また、夫婦関係がピンチのときほど「別居」には慎重になったほうがいいと思います。

もちろん、一時的に家を出て頭を冷やすことで、仲直りできることもあります。

ただ、一定期間（目安として五年）別居していると、裁判所では「事実上の破綻状態」とみなされる可能性があります。そうなると、離婚を勧告されたり、判決で離婚が決まることもあります。

生活費を負担する側にとって、「別居中の妻」の存在は損でしかありません。正式に離婚して生活費の支払いを止めるほうが得です。

「生活費だけもらって別居」が成立するほど、世の中甘くはありません。

別居を検討してもいいのは「いつでも離婚してＯＫ」という場合に限ります。

「食洗機離婚」のケースでは、離婚したい気持ちはあるものの、専業主婦で、子どももいるため、経済的に自立して離婚できる状態ではありませんでした。

離婚できないなら、なんとか夫婦関係を改善するしかありません。

「完全勝利」を考えてはいけない

離婚寸前の夫婦でも、関係改善は可能なのでしょうか。

答えはイエスです。たいていの場合、新婚当初のラブラブカップルに戻るのは無理でも、なんとか離婚を回避することは可能です。

そのために必要なのは、「自分は正しく、間違っているのは相手」という固定観念を捨てることです。

相手の間違いや欠点を批判してあっさり態度を改めてくれるならそれも一つの手ですが、離婚寸前までこじれているのですから、批判を素直に受け入れてくれる可能性はゼロです。文句を言えば言うほど、関係が悪化するのがオチ。

人から攻撃されて、気分がいい人はいません。あなたが相手を批判すれば、向こうもあなたに反撃してきます。

そうなると、あなたも機嫌が悪くなり、やり返してしまうという「不機嫌のスパイラル」

に陥ります。

そうならないよう、仮に相手が一〇〇パーセント悪い場合でも、まず自分から文句を言うのはやめましょう。そのほうが自分も機嫌よくいられます。

夫婦関係改善の第一歩は、まず自分の機嫌をとること。その上で、相手にも必要な気配りをして、向こうの機嫌をよくするのです。それだけで相手の態度や振る舞いが好ましい方向に変わっていきます。

そのためにも相手をコテンパンにやり込めるような「完全勝利」は諦め、関係を継続できれば御の字、くらいに達観しておくほうがいいのです。

「食洗機の音」で怒った真の理由

そもそも、なぜ夫は妻の段取りの悪さを批判するのでしょうか。

くわしく話を聞くうちに、興味深い事実が明らかになりました。

夫は家業を継いで経済的に満たされている人ですが、学歴は高くありません。名門大卒の従業員を苦労してまとめているという話でした。

一方、妻は大学院まで出て、ＭＢＡ（経営学修士）をとっています。

「夫が経営者、妻が専業主婦」と聞くと、いかにも夫が威張っているように想像しますが、実態はむしろ妻のほうが、学歴の低い夫に対して「上から目線」になりがちだったようです。よくよく話を聞いてみると、彼女の言動の端々に「私は結婚して『あげた』のだ」という優越感が垣間見えるのです。

逆に夫のほうは、高学歴の妻に、心の奥底ではコンプレックスを抱いているようでした。夫が妻の家事にいちいち「ダメ出し」するのは、そういうコンプレックスの裏返しだったのです。

妻の要領が悪かったのも、内心で夫のことを下に見ているからという気がします。名門大卒の彼女はもともと能力は低くありません。やりくりが下手なのは「やる気の問題」というか、もっとはっきり言うと「わざとやっている」側面すら考えられるのです。

こうなると、夫が妻の家事に怒る理由も見えてきます。

妻の要領が悪いのは、「自分のことを下に見ている」からだと、夫は薄々気がついているのです。

だから、妻の「段取りの悪さ」を見るたびに、カチンときてしまう。そこに「学歴に根ざした優越感」からくる意趣返しが見え隠れするからです。

そういう積み重ねでこの夫は「食洗機がうるさい」と怒ったのです。

「わかりやすい伝え方」で好感度UP

結局、妻は「モラハラ」に耐え兼ね、被害者意識が暴走して警察に相談してしまいました。

その事実を知った夫は、態度を一気に硬化させ、家に最低限の生活費しか入れなくなってしまいました。

夫は「もはや離婚もやむなし」とばかりに覚悟を決めてしまったように見えました。

私はこの夫婦の最大の問題は「コミュニケーション」にあると思っていました。

妻は夫のことを、学歴が低いことから下に見ていましたが、それも夫が二代目とはいえやり手経営者なのを知らないことから来ているのが明白でした。夫がどんな仕事をしているのか、どれくらい苦労しているのか、私が聞いても妻は何一つ答えられませんでした。

一方、夫のほうも、コミュニケーション、とくに「伝え方」に問題を抱えていました。夫は妻への不満を言語化できていませんでした。そのため、妻に自分の不満を伝えることも、話し合って解決を目指すこともできていませんでした。そうする代わりに、怒りを溜め込んでは、しばしば「モラハラ」のかたちで爆発させていたのです。

このような伝え方では、相手からすると不満の原因がわからず、途方に暮れるしかありません。

そのため、私はまず夫婦のコミュニケーション、伝え方の改善に努めました。ときにはLINEのメッセージを添削し、徹底的に指導したのです。

妻に指摘したのは、「言いたいことを端的に伝える」という点です。

夫は仕事ができるタイプで、だらだら回りくどい説明が嫌いです。要点の見えない話をされると、「で、結論は？」と言われてしまいます。

妻の話し方や、LINEの書き方はやや回りくどかったので、「結論を冒頭に書く」「要件だけ簡潔に伝える」ことを徹底してもらいました。

たったこれだけで、それまでろくに返ってこなかった返事が、きちんと返ってくるようになりました。

「伝え方」を改善した効果は、他にもあらわれました。

ある日、妻から「夫が朝食の準備を手伝ってくれた」という喜びのLINEメッセージが私に届きました。

仲のいい夫婦なら、そんなことくらい当然かもしれませんが、この夫婦は離婚寸前で、生活費さえ十分に入れないほどの状態でした。それを考えれば、かなりの関係改善と言えます。

それに、こういう小さな出来事を「関係がよくなった」とうれしく感じること自体がとても大事だったりします。

ちょっとしたことでも「うれしい」と言ってくれる人と、「手伝うくらい当然」と言う人と、どちらに好感を覚えるでしょうか。

もちろん、「ちょっとしたことでも感動してくれる人」のほうが好感を持たれやすいのです。

だから、ちょっとした関係改善をうれしく思うほうが、相手も好感を持ってくれます。

こうしたことを繰り返していくことで、夫婦関係を改善することができます。

「カチンとくるLINE」の理由

LINEは便利ですが、書き方に気をつけないと、トラブルの原因にもなります。

夫婦関係の改善プログラムの一環で、メールやLINEの書き方を指導していますが、「カチンとくる書き方」にしばしば遭遇します。

相手から見ると不快なメッセージになっているのに、自分では気づいていないことも多いようです。

次に示すのは、私が実際に添削したＬＩＮＥメッセージの例です。

相談者は五〇代の女性、夫とは別居中で、娘がいます。夫は家に生活費を必要最低限しか入れていない状態です。

娘が留学するので、入学費用を振り込んでもらうため、別居中の夫にＬＩＮＥを送りたいと相談があり、こんな文面が送られてきました（名前は仮名）。

「加奈がイギリスに留学するにあたり、入学金、授業料などを振り込む必要があります」

「〇月〇日の〆切りまでに振り込まなければ取り消しとなります。ネット振り込みには対応してなく、窓口での振り込みとのことです」

「以前、加奈が高校に入学するときは、一旦私の口座に振り込みをしていただいてから私が学校に振り込んだ経緯があったので、今回お忙しい浩一郎さんに銀行の窓口に並んでいただくのも気が引けるのでご相談しています」

以降は金額の内訳の説明が長々と続きます。

みなさんはどう思われるでしょうか。ぱっと見た印象として、夫婦間のやり取りにしては、少し堅苦しい気がします。

しかも、どことなく高飛車な感じさえ漂っています。

まず書き出しの、「入学金、授業料などを振り込む必要があります」という書き方が問題です。

ビジネスメールならこれでもいいでしょうが、夫婦のメッセージにしては少々事務的すぎて、相手への配慮や、気遣いに欠ける印象があります。

次に、「お忙しい浩一郎さんに銀行の窓口に並んでいただくのも気が引けるので」の部分も、ちょっと嫌味な書き方です。

この夫婦はすでに別居していて、実は夫は愛人と暮らしています。そのため、「お忙しい浩一郎さんに」と書くと、「(愛人と遊ぶのに)お忙しい浩一郎さんに」という嫌味だと取られかねないのです。夫が読めば気分を悪くするでしょう。

もちろん、ケンカするつもりなら、この書き方でいいのですが、この場合は何とか夫の機嫌をそこねず、娘の留学費用を振り込んでもらうのが目的です。

そのために送るＬＩＮＥの文面なので、嫌味に取られかねない表現は避けるのが無難でしょう。

「嫌味な書き方」にならない「ちょっとしたコツ」

その後、夫が入学費用を振り込んでくれた後で、妻が送ろうとしたお礼のＬＩＮＥも、これはカチンとくるだろうという書き方でした。

「こんなお金をすぐに用意できるなんて、実は貯めてもってたってことですよね。ありがとうございます」

海外留学ですから、学費もそれなりの金額です。大金を振り込んでもらったのは間違いないのですが、「こんなお金」という言い方はいささか嫌味に聞こえます。

「こういうお金はポンと払えるのに、なぜもっと生活費を入れてくれないんですか」という「嫌味」が、読みようによっては、行間に漂ってきそうです。

本人はあくまで、「約束通りお金を振り込んでくれてありがとう」とだけ言いたいのですが、こんな文面を送ると逆効果になってしまいかねません。

結局、私はどうアドバイスしたでしょう。まず、振り込み依頼のＬＩＮＥを次のように添削しました。

「留学先の学校から連絡がありました。加奈の入学費用を振り込まないといけないので、ご相談しました。金額は〇万円。〇月〇日までに振り込む必要があるそうです」

嫌味なニュアンスはできるだけそぎ落とし、要件だけ端的に伝えるようにしました。
また、お礼のＬＩＮＥは次のように添削しました。

「加奈にも、パパのがんばりのおかげだと伝えています。いつもお仕事がんばってくれてありがとう。心から感謝しています。涙」

最後の「涙」は絵文字です。
どうでしょうか。このほうが当初の文面よりも、ぐっと好印象ではないでしょうか。

「可愛げのあるＬＩＮＥ」で関係改善を目指す

次も私がＬＩＮＥを添削したケースです。

「おはよう。今日は寒いですね。ゴルフ、調子はどうですか。今年はドライバーが飛んでコンスタントに八〇台で回れるようになるといいですね。応援しています」

この相談者も女性で、夫は愛人にマンションを買い与えて、そこで一緒に暮らしています。別居状態で、夫としては離婚したいようですが、相談者である妻は何とか夫婦関係を改善したいと思っています。

妻のほうには、「いずれ夫と一緒にゴルフに行く」という目標があります。

愛人はゴルフが下手で、夫はゴルフに連れて行かないそうです。そのため妻は夫と一緒にゴルフコースを回れるレベルまでスコアをあげて、一緒にラウンドして二人の関係を取り戻すことで、離婚を回避したいのです。

私は妻に「伝え方」を徹底的にレクチャーしました。その成果もあって夫の態度が軟化し、もう少しでゴルフにも誘ってもらえそうな雰囲気でした。

先ほどのＬＩＮＥはその状況で妻が送ろうとしていた文面です。

どうでしょうか。このメッセージを読んで、「一緒にゴルフに行きたい」と思えるでしょうか。

正直、そうは思えないという人のほうが多いと思います。

原因は、「堅苦しさ」にあります。「調子はどうですか」「応援しています」という書き方はどこかよそよそしく、あまり「仲のいい夫婦」のような感じがしません。

私は次のように添削しました。

「おはよう。今日は寒いですね。ゴルフ、調子はどうですか。今年はドライバーがさらに飛んで、コンスタントに八〇台で回れるようになるといいですね」

ここまではほぼ一緒ですが、次の一文を付け加えました。

「私も足手まといにならないくらいのスコアを目指します」

繰り返しになりますが、妻の目的は「ゴルフに誘ってもらうこと」ですので、このくらいの書き方をしたほうが「可愛げ」があると思うのです。

普通ならもっとストレートに「今度ゴルフに行きましょう」と書けばいいのですが、この夫婦はすでに破綻寸前で、そういった普通の書き方が逆にわざとらしく、警戒される可能性があるため、こういった書き方にしてみました。

人によっては、媚びを売っているとか、女性がへりくだりすぎていると違和感を持たれるかもしれません。

ただ、このケースの夫は、経営者で、多数の部下を使う立場でした。いろんな人からおだてられるのが当たり前という人だったので、それも加味して、徹底的に下手に出た文面のほうがいいと思ったのです。


いずれにせよ、「相手にとって心地よい伝え方」を徹底していると、それだけでもこじれていた夫婦関係が少しずつ改善していきます。

夫婦の片方が伝え方を変えると、不思議と相手も態度を改めてくれるのです。

このケースでは、妻が私のアドバイスを受け入れ、伝え方の改善に努めたので、夫婦関係がみるみる改善していきました。

先ほどのＬＩＮＥを送ってから数日後、今度は妻から私に「主人が誘ってくれたのでゴルフに行きます」というメッセージが届きました。その後は子どもを連れて三人で食事に行くようになったと聞いています。

ゴルフや食事に行くのは、調停（裁判）中の場合、修復不可能とされたり夫婦関係が破綻していると認定されないためにも非常に重要です。

別居生活が五年程度続くと、裁判で離婚を認定されることがあると、いままでの経験からすでに書きましたが、一緒にゴルフに行ったり、食事に行ったりしていれば、裁判所が「破たん」ではないとみなす可能性が高くなり、離婚や裁判において有利になる場合があるそうです。妻がゴルフに誘ってもらうことにこだわった理由は、実はこの点にありました。

コツコツと伝え方の改善に取り組んだ結果、彼女がつかんだ「大勝利」でした。

大事なＬＩＮＥは必ず「下書きする」

ＬＩＮＥの使い方は意外と難しいものです。

面と向かって話せば問題なく伝わることでも、ＬＩＮＥで伝えようとすると、驚くほど真意が伝わらないのです。

ＬＩＮＥでは文章のやり取りが中心です。そのため、慣れていないとつい説明をはしょってしまいがちです。自分では伝えたつもりでも、相手には通じていない、ということがしばしば発生します。

送信ボタンを押すと、メッセージが即座に送信されてしまう点も注意が必要です。手紙なら書き終わってから封をして、投函するという時間があるため投函する前に思いとどまり書き改められるのですが、ＬＩＮＥだとそうはいかないので、つい感情的なメッセージを送ってしまって、後悔することがあります。

また、文字だけで伝えようとすると、無味乾燥で堅苦しくなりがちです。事務的な言葉遣いが増えると、感情が伝わりません。そのため、普通に伝えたつもりでも、まるで怒っているように見えることがあります。

絵文字やスタンプを使うと感情を表現できますが、使いこなすのは結構難しいです。むやみに絵文字を使うと文面が幼稚に見えてしまいます。ネットで「おじさん構文」「おばさん構文」と呼ばれる、あまり評判がよくない伝え方です。

ただ、そうしたデメリットがあっても、ＬＩＮＥは夫婦関係の改善においてとても便利なツールです。

離婚寸前の夫婦の場合、顔を合わせて話すことが難しいことも多いですが、そんなときでもＬＩＮＥでのコミュニケーションはまだ可能であることも多いです。

また、ケンカしているときなどは、対面すると双方が感情的になってしまいますが、ＬＩＮＥだと比較的冷静に伝えられたりもします。

ＬＩＮＥでメッセージを送る際は、送る前に必ず何度も読み返すクセをつけましょう。先に触れたように、ＬＩＮＥではメッセージが即座に送信されます。また、普段からリアルタイムで会話をするように使い、あまり考えず直感的につくったメッセージを送信する人も多いのです。

そのため、うっかり相手を傷つける、過度に批判的なメッセージを、そうと気づかずに送ってしまったりします。あるいは、相手の状況を理解せず、自分勝手なメッセージを連投して嫌がられることもあります。

本当に伝えたいことがあるなら、大事な手紙を書くときのように、下書きをして何度も確認してから送信することを徹底すべきです。

第二章

「伝え方」一つで夫婦は破綻する

「妻がユーチューブを見てヨガ」で離婚相談

専業主婦（あるいは家事を担当する夫）であるパートナーに対して、「家にいるだけで何もしていない」とか、「仕事の話を理解してくれない」などと不満に思う人は多いようです。中にはこういった不満を爆発させ、離婚を選択する人さえいるのです。

次にあげるのは私がかつて相談を受けた「ヨガ離婚」の事例です。相談者は五〇代の男性、妻も同年代です。

コロナ禍で相談者の男性もリモートワークになりました。ただずっと家にいると、だんだんと妻の行動が気になってきたそうです。

妻はよくユーチューブの動画を見てリビングでヨガをしていたそうですが、その姿を見て相談者の夫は幻滅してしまったそうです。

「俺が会社で必死に働いている間、こいつは気楽に遊んでいて、何もしていない。だから人間として成長が止まっている。そんな人間とこの先も夫婦でい続けていいのだろうか」と思ってしまったのです。

ただ、妻を呼んで話を聞いてみたところ、ヨガをしていたのは、むしろ前向きな行動だったとのこと。コロナ禍で外出を自粛しているので、少しでも運動に励み、ダイエットしようと努力していたと言います。

それに、この妻は週に二日仕事をしていました。しかも英語を使う難しい仕事で、結構しっかりがんばっていたようです。

つまり夫が抱いた「疑惑」は完全に濡《ぬ》れ衣《ぎぬ》だったのですが、それでも一度そう思い込まれてしまうと、疑惑を晴らすのは簡単ではありません。

それに、夫が不満に思っているのはこれだけではありませんでした。コロナ禍で家にいる時間が長くなり、家の中が常日ごろからけっこう汚いことに気がついたのだそうです。

妻は一応は掃除をしていたのですが、少しズボラなところがあり、カバンを出しっぱなしにしたりもしていたので、そういう雑なところが夫は嫌だったようです。

このケースも、夫婦の伝え方やコミュニケーション不足がトラブルの原因でした。夫は妻がどんな仕事をしていて、どれくらいがんばっているか、まったく知りませんでした。家でヨガをしていたことも、「遊んでいるだけ」と決めつけていました。

結局、私が間に入り、夫婦双方の伝え方の改善に取り組みました。妻の仕事ぶりや、家事も一生懸命やっていることなどを知ると、夫の態度は軟化し、無事に夫婦関係が改善に向かい、いまでは月に一度は家族でファミレスに行くまでになったそうです。最近はたまにキャンプにも行っていると聞いています。

夫婦関係も「ホウレンソウ」が大事

お互いかどちらかの伝え方に問題があり、コミュニケーション不足に陥っている夫婦はかなり多いようです。

自分のパートナーが普段何をしているのか、どんな仕事をしているのかさえ、不思議なほどに知らない人がたくさんいるのです。

よく話を聞いてみると、帰宅した自分のパートナーに「今日一日どこで何をしていたか」を聞いていないのです。仕事やその日の行動について、積極的にパートナーに話す人が少ない、とも言えます。

その結果、「ただ家にいるだけで何もしていない」「どうせ会社でも大した仕事をしていない」などと思いがちなのです。

よく仕事では「ホウレンソウ（報告・連絡・相談）」が大事だと言われますが、夫婦関係においてもあてはまります。

普段から「今日はこんなことをした」「会社でこんなことがあった」と「報告」する習慣をつけておくことが、夫婦関係を円満にする「最大のコツ」かもしれません。

逆に、「報告」をしていないと、何かトラブルがあった場合でも、「今日会社で嫌な目にあった」などとパートナーに相談しても人ごとのように受け取られて、親身になってもらえません。相談したところでパートナーは状況がわからず、「ふーんそうなの、大変だったんだ」程度の受け答えしかできないのではないでしょうか。

結果、「相談しても話を聞いてくれない、ムダだ」と勝手に思い込んでしまい、悩みをパートナーに打ち明けられず、一人で抱え込むようになってしまいます。

「こまめに打ち明けると、こまめに口出しされる」「仕事がうまくいっていないことを知られたくない」などと思い、「ホウレンソウ」をしていない人もいるかもしれません。

つまり「ホウレンソウ」を「ヘマをして突っ込まれるきっかけ」と思っているのです。ある意味もったいない話です。たしかに「ホウレンソウ」は「しくじりがバレるきっかけ」にもなりますが、それ以上に、「絶好のアピールチャンス」でもあるからです。

日々の「ホウレンソウ」は、相手から信頼と評価を獲得するためには避けて通れません。突っ込まれたりからかわれるのを恐れて何も報告しないから、いざというときに、パートナーから「どうせろくな仕事をしていない」「家でゴロゴロしているだけ」と思われてしまうのです。

「余計な一言」が嫌味に聞こえる

相談者からたまに果物をいただくこともあるのですが、私は果物をあまり食べないので、うちのスタッフにあげています。

ただ、それが何回も続くと、スタッフは「もらって当然」という顔をするので、それを見るとつい「次はやらないぞ」と思ってしまいます（笑）。

一度スタッフに直接言ったこともあります。「果物をもらって当然と思っているみたいだけど、そういうのは嫌いだから」と。

これが大失敗でした。私は「果物をもらったらお礼の一言くらい言ってほしい」という意味で言ったのですが、スタッフは私の言葉を誤解してしまい、いつの間にか「岡野さんの指示があるまで果物を食べてはいけない」というルールが出来上がっていました。

でも、そんなルールなんて私は知りません。だから「果物を食べていい」と言わずにいたせいで、冷蔵庫の中で果物が腐りそうになりました。

このように、自分では伝えたつもりでも、意図やニュアンスがうまく伝わらないことは日常茶飯事です。

だからこそ普段から丁寧なコミュニケーションを心がける必要があるのです。

ただ、夫婦の場合は長い間一緒に暮らしているので、「いちいち言わなくてもわかる」という雰囲気も出てきます。

前に「食洗機離婚」の事例をご紹介しましたが、あのケースも本来「いちいち言う必要がない」のです。

一緒に暮らしていれば、夫が夜早く就寝することも、そのときに食洗機を使っていると「うるさい」と思われることも、言われなくたってわかるはずなんです。

「食洗機離婚」の相談者女性には、そういう「気づき」が足りずに、不用意な言動で相手を怒らせてしまうところがあり、結果的に夫婦関係がこじれてしまったのです。

「食洗機離婚」の妻から、ＬＩＮＥの添削依頼を受けたことがあります。

子どもが病院に行くことになり、夫にその旨を伝えたいと、次の文面が送られてきました。

「子どもが〇日に病院に行くことになりました。あなたが付き添いますか、それとも私が行

きましょうか」

まさに「余計な一言」の典型ではないでしょうか。

夫のほうはやり手の経営者で、非常に細かい性格だと書きました。子育てにも細かく指示を出すタイプです。

だから子どもが病院に行くというときに、絶対に「自分が付き添う」と言うに決まっているのです。

私ですらそれがわかりますので、妻がわからないはずがありません。

なのに、わざわざ「あなたが付き添いますか」と聞けば、「行くに決まってるだろう、だれが行かないって言ったんだよ」なんて嫌味ったらしく感じて、カチンときてしまうのです。

この場合、夫が付き添うことは「大前提」と考え、いつどこに行けばいいか、持っていくものなど、必要な点だけ伝えればいいのです。

聞かなくてもいいことをわざわざ聞いたのは、後で責められたくないからだと思います。「多分聞かなくても大丈夫だけど、怒られたくないから、念のため聞いておこう」と思ったのでしょう。

でも、「怒られたくない」は妻の都合に過ぎません。「余計な一言」をつけ加えたのは、相手への思いやりではなく、自分のエゴによるものです。

夫に配慮するなら、できるだけ簡潔なメッセージにしたほうがいいのです。この夫は有能な経営者で、昼間はいつも分刻みのスケジュールをこなしていますから。

でも「余計な一言」をつけ加えたことで、「カチンとくる」メッセージになってしまいました。「わざわざ聞いてくるのは、俺に付き添ってほしくないから」など、勘ぐらせてしまいます。

こういう「余計な一言」がこの夫婦の関係をちょっとずつ悪化させていたわけです。

「半沢直樹離婚」した「大企業の社長候補」

出会ったときの関係性は、結婚後しばらくたっても尾を引くものです。

そもそもアプローチしたのはどっちだったか、その時点でどちらのほうが経済力があったか、といったバランスというかポジションどりが後々の夫婦関係にも微妙に影響するのです。

「食洗機離婚」の場合、学歴がそれほどでもない夫と、高学歴な妻の間で、長年ギクシャクした関係が続いていました。

学歴以外にも収入の多寡や、仕事の忙しさなどがマウンティングの材料になりがちです。また、「自分は男だけど家事をがんばっているほうだ」とか、「夫は男だから高い給料をもらえている」などと、ジェンダー要素も絡んでくることがあります。

かつて、こんな相談を受けたことがあります。

相談者は六〇代の女性。少し年下の五〇代の夫がいます。ある日突然、夫が「離婚したい」と言い出したそうです。「寝耳に水」の話だったので、驚いて私のところに駆け込んできました。

男性が急に「離婚したい」と言い出す場合、真っ先に疑うべきは、浮気や愛人の存在です。そのため、この女性とも相談して、探偵に調査を依頼しました。

でも浮気の証拠どころか、女性の影すら見つからず、すぐ打ち切ることになりました。実際のところ、原因は浮気ではなく、他のところにあったのです。

夫は名門大学を出て、誰もが知る大企業に就職、順調に出世して、最近まで社長レースにも参加していたそうです。ただその企業の本社の社長にはなれず、関連会社の社長に就任しました。夫はドラマ『半沢直樹』のような権力闘争の世界にいたわけです。きっと、いろいろつらい目にもあっていたでしょう。

一方、相談者の女性は専業主婦で、夫のそうした社内状況について関心がありませんでした。社長レースに負けても、クビになるわけじゃないし、何も問題はないじゃないかと気にしてもいませんでした。

万が一クビになったところで、夫は名門大学出身で関連会社とはいえ社長にまで上りつめたわけだし、すぐ再就職できる、くらいに思っていたそうです。

この夫婦には子どもが三人いました。海外に留学している子どももいて、教育にはかなりお金をかけているようでした。

その費用を捻出するために、夫は必死に働いて出世してお金を稼いでいたわけですが、妻はその苦労をあまりわかっていませんでした。

だから妻がすべて悪い、ということではありません。夫のほうにも反省すべき点がいろいろありました。

夫は真面目で寡黙、あまり自分のことを語らないタイプでした。家に帰っても、会社でこういうことがあったとか、部下がこういうことをした、という話をしたためしがありません。社内権力闘争のことも「どうせわからないだろう」と妻に説明していなかったのです。

妻が「夫は会社でうまくやっている」とばかりにノー天気にかまえていても不思議ではあ

りません。

妻の無自覚なマウント

一方の相談者である妻は、どちらかというときつい性格。とくに夫に対しては言いたい放題ダメ出しをするほうで、夫が家事をしない、などの不満を本人にもストレートにぶつけていました。

また、「普段の服がダサい」とか「食事のマナーが悪い」と気に入らない点を指摘しては、「ダメ亭主」と吐き捨てることもあったようです。

こんなこともありました。この夫婦はマンションに住んでいたのですが、マナーの悪い住民がいて、夜にベランダで騒いだり、タバコを吸ったりすることがあったそうです。

妻は夫に「管理会社に相談してほしい」と頼みましたが、夫はそこまでするのも……とズルズルと対応を引き延ばしていたそうです。それで妻はカチンときて、夫に面とむかって「管理会社に行ってもくれない、役立たず」と責め立てたそうです。

妻は夫よりやや年上です。そのせいか、夫に対して無意識に「上から目線」でものを言ってしまうのです。真面目な性格の夫にとって、妻のそうしたマウントは日ごろからかなりストレスだったようです。

結婚前、夫の実家が貧乏で、遠慮した夫は結納という儀式もやらずに入籍しようとしました。そのとき、妻の父親から「しきたりや常識を守らない人間はダメだ、結婚には反対だ」と言われた過去があります。

ただ妻は結局、父の反対を押し切って結婚を決めました。そのため、妻には「私のおかげで結婚できたのよ」という意識がありました。

しかも妻はそうした自分のマウンティングを「不適切」なことだと思ってもいませんでした。そういう妻の独善性がじわじわと夫婦関係を悪化させていることも、離婚を切り出されるまで気づかなかったのです。

夫が不満に思っている点がほかにもありました。

夫の海外赴任が決まり、単身赴任でなく家族全員で海外へ引っ越したときの話です。妻は現地駐在員の奥さま会に参加すべきなのですが、たまたま弟の会社の海外支店があり、パートで手伝いに行っていました。それが現地で問題になってしまいました。

その会社では駐在員の妻のアルバイトを禁止しており、ルール違反という指摘を受けたのです。

でも妻は納得がいきません。弟のいる会社でちょっと頼まれたから少し手伝っただけで、奥さま会に出なかったことの面当てで大ごとにされたと。

このとき、夫がかばってくれなかったことを、妻は根に持っていました。

そのせいで海外赴任中、妻は夫になおさら厳しく当たっていたようです。慣れない海外生活で妻もストレスを溜めていたのでしょう。

こうした日常的な非難やマウントによって夫はどんどん不満を溜め込んでいました。結果、夫はある日突然「大爆発」し、離婚を宣言したというわけです。


このケース、妻の態度にも改善点がありますが、それにしても夫の「伝え方」は問題です。妻にストレスを感じるのは仕方ないとしても、溜め込んで「大爆発」する前に、不満を率直に打ち明けておくべきだったと思います。

夫としては、不満を打ち明けても逆ギレされて、社内権力闘争でのうんざりするほどのストレスにさらにストレスがかかるのが嫌だったのかもしれません。でも、結果的に離婚を宣言するまでにストレスが達してしまったわけですから、もっと小出しに「反撃」しておいたほうがガス抜きができたかもしれません。

「ヘッドホン持って帰るね」で夫が激怒

こんな相談を受けたこともあります。

相談者は四〇代の女性。夫は五〇代の研究職で、地方に単身赴任中。妻は東京に残って働いています。

あるとき、妻は仕事で夫の単身赴任先の都市へ出張することになりました。ついでに夫の家に寄り、ヘッドホンを借りるつもりで、「これ、持って帰るね」と言ったそうです。

と、夫が「持って帰るじゃないだろう！」と、激怒したのです。

妻は夫の尋常ではないキレ方にショックを受けてしまいました。

夫の言い分としては『持って帰るね』じゃなく、『もらうね』と言え」とのこと。ヘッドホンは共有物ではなく「夫の持ち物」だから、借りるのかもらうのか、はっきりしろ、という主張でした。

でも妻にはいきなり激怒するようなことだと思えず、納得できません。ヘッドホンは後で返すつもりだったので、一旦借りるつもりで「持って帰るね」と言ったのは間違いではないと言います。

こういう場合は他に何か理由があるものです。別のことで溜めた不満が、ちょっとしたきっかけで噴き出してしまったのでしょう。

このときは、もともと夫婦関係がギクシャクしていたのもあり、妻が出張を兼ねて様子を見に単身赴任先にやってきたのです。

妻は「夫はいつもこういう人なんです」と言います。

いろいろといきさつを聞いてみると、夫は「自分と家族はそれぞれに別個の人格で、夫婦も互いに自立しているべき」という考え方にこだわりを持っていました。

妻が夫のヘッドホンを無造作に持って帰ろうとしたことを、「自分のパーソナルスペースにずけずけ踏み込んできやがった」と感じたようです。

神経質なようにも思えますが、要するに「持って帰るね」は、そもそもなかば自分の所有物のように見ているから出る言葉で、自分の大事なモノにそういう扱いはやめてほしい、という心理だったようです。

妻は「君のそういういい加減なところが嫌なんだ」と言われて、そこまで言われる筋合いは……とへこんでいました。

夫がなぜいきなりキレたのか。理解に苦しむ人もいるケースではあります。ただこれも、いかに神経質な人とはいえ、急に「大爆発」してしまったのは、おそらく普段からストレスを溜めていたせいでしょう。

夫は自分のポリシーをうまく言語化して論理的に説明できていません。だから周りの人たちは何に気をつければいいのか、いまいちわからないのです。

夫が日ごろから丁寧に自分のポリシーを伝えていれば、妻も「ヘッドホンは〝地雷〟かな」と勘づくことができたはずです。

夫婦関係のギクシャクも、この夫が話下手なことが原因のようでした。単身赴任中なので、毎日夜に夫婦でズームで話をしていたそうですが、いつも話が盛り上がらないのです。妻は黙ってあくびをしているし、夫も会話に集中していないのだそうです。

さて、どうすべきか？

妻には、夫の話下手をフォローして、「夫が食いつくような話題をがんばって探すように」とアドバイスしました。

妻がその通りにして「精神的自立」や夫のこだわりの趣味について調べたので、ズーム越しでも話が弾むようになり、それに伴って夫の「ブチギレ」も減ったそうです。

私が「洗濯離婚」したワケ

私はこれまで二回結婚し、二回とも離婚しています。とくに最初の夫とは、少々悔しい別れ方になってしまったので、それがきっかけで「離婚カウンセラー」を開業することになったのです。

これは私の経験談なのですが、二番目の夫との間で、「あること」をめぐってどうしても折り合いがつかず、最終的に離婚することになりました。

相手は非常に几帳面な性格で、洗濯するときは洋服とタオルは別々に洗うし、黒い服と白い服を分けて洗濯します。そのため、一日に三回も洗濯することが普通でした。

一応、洗濯は各自でやっていました。でも、一日三回も洗濯されると、自分も働いている私は自分の洗濯をする時間がつくれません。

しかも、私が自分の洗濯をしている途中に、元夫は洗濯機を止め私の洗濯物を洗濯機の外に出して、自分の洗濯物の色物やタオルを分けて洗おうとしたりするのです。

その後で乾燥機もかけるので、洗濯に時間がかかってしかたがない。

私は再婚で、相手は二四も年下でした。だから日常生活でも、ある程度のことは年上の私が譲ってあげようと思っていました。実際、たいていのことは譲っていたのですが、洗濯の件だけはどうしてもダメでした。

結局、問題は解決しないまま、離婚することになってしまいました。

折り合いがつかない問題はほかにもありました。

エアコンの心地よい温度は人によって違うものです。夫・妻が自分の好みと違う温度にエアコンを設定すると、それがストレスになってしまう。

たかがエアコンと笑うなかれ。世の中には「エアコン離婚」する人もたくさんいるのです。

私の二四歳年下の元夫はとても暑がりな人でした。冬でも寒くないらしく、一緒の部屋にいても暖房をつけません。

一方、私は寒がりなので、彼にあわせていると寒くて仕方がない。私は夏でもエスキモーみたいな格好で寝ているくらいなので、どうしても我慢できなかったのです。

ちなみに、最近のエアコンは温度を二つ設定できたりします。部屋の半分は冷やしすぎず、もう半分は涼しくしたりできるのです。こういう機能がないとケンカしてしまう夫婦がたくさんいるからなのでしょう。

室温くらい我慢すればいいのに、と思う人もいるかもしれません。でも、先に触れたように、こういうちょっとした感覚的な不一致のほうが我慢し難いものなのです。

結婚当初のラブラブな時期なら我慢できても、何年も暮らしていて、少し関係が冷え込んでくると、そういう体質的な差異や習慣の違いがくすぶって、火種が爆発してしまうのです。

「ぬか漬けの臭い」でトラブルに

私は何よりも漬物が好きで、自分でぬか漬けを漬けています。

ですが、以前に同棲していた相手から、「ぬか漬けの臭いが我慢できない」と言われたことがあります。

同棲相手の意見なので、できれば尊重したい。でも私はどうしてもぬか漬けを食べたくて、隠れて食べていました。ぬか床に何重にもビニールをかけて、部屋の奥に隠していたのです。もちろん臭い対策ですが、そんなにしてもやっぱり臭うんだそうです。

二人が仲良しの間は、お互いに配慮できるのです。私もできるだけ臭いが漏れないようにしていましたし、相手も、私がそうやって気を遣っていることに感謝してくれていました。

でも、ときが経つとともに愛が冷めて、ひとたび仲が悪くなると、「いつまで我慢させる気だよ。俺に黙ってぬか漬けを家に置くなんて許せないってまだわかんないのか」と怒りを露にされてしまうのです。

小さな不満の背後には、価値観や五感の微妙な違いが隠れていて、乗り越えるのがとても難しいのです。五感や価値観を変えるのは大変だからです。

いつまでも新婚当初やつき合いたてのラブラブな関係を維持できれば、問題にはならないのですが、そうもいきません。

ぬか漬けについては食べるのを我慢する。でも、その代わりにあなたも「洗濯三回」をやめてほしいとか、代わりに「愛してると毎日三回言う」とか、そういう約束事が成立すれば、何とか乗り越えられるように思います。

そういう本能的欲求を抑えるのはなかなかに難しいですよね。

「アジフライが食べたい」で不倫した夫

ぬか漬けはまれなケースかもしれませんが、価値観の違いは食事の好みにもあらわれます。好きなメニューを自宅で食べられなければ、それはストレスになってしまうでしょう。

実際、私のところに相談に来た中で、アジフライが食べたいのに、妻がつくってくれないので不倫してしまった、という男性もいました。

相談者の男性は四〇代。五歳年下で専業主婦の妻は、小学生の息子のことにしか興味がないそうです。

食卓に並ぶのは、息子の好物のハンバーグやオムライスばかり。夫の好物はアジフライなのに、揚げ物は片付けが面倒だと言って、家ではつくってくれないのだそうです。

夫はそんな妻に不満を感じていました。ちょうど同じ職場に少し年上の女性がいて、仕事の相談がてら妻の愚痴をこぼしているうちに、不倫関係になってしまったとか。

夫は、妻がアジフライをつくってくれないのは、もう自分のことを愛していない証拠のように感じていたのです。

先に触れたように、四〇代はこういう問題が起きやすく、夫婦関係にとって危険な時期です。二〇代で結婚したならそろそろ結婚二〇年です。三〇代ならまだラブラブな雰囲気も残っていたりしますが、四〇を過ぎると子育ての共同作業は一段落して、だいたいの妻の関心は子どもの進路のことばかりで、夫婦関係はどうしても冷え込んできます。

一方、四〇代になると夫の（妻もかもしれませんが）仕事の責任が増え、出世したり給料が増えてくるもの。だから「仕事では評価されているのに、なぜ家庭では逆なのか……」と承認欲求をこじらせて悩んでしまう人も多いのです。

「焼肉の作法」には要注意

「ささいなこと」で行き違いが起きやすい状況の一つに、外での食事があります。食の作法やマナーの違いにイラッとしがちなのです。

私は焼肉店でケンカをしてしまうことがよくあります。

たとえば二人で焼肉に行った場合、私は一度に焼くのは二枚までにしたいんです。そうすれば、肉を食べているうちに、また新しい肉が焼けている、となるわけです。

なのに、一度に四枚も五枚も焼かれると、食べるのが間に合わなくて、焼きすぎになる肉も出てくるので、イラッとしてしまう。元夫がまさにそうでした。

なぜそんな焼き方をするのか、元夫に聞いてみたところ、「うちは兄弟が多かったから、こういう食べ方をしないと、自分の肉がなくなってしまう」と言っていました。

それはそれでよくわかります。でも、いまは二人で焼肉に来てるのだから、何も競って食べなくても……と思うわけです。

焼肉店でなくても、そもそも飲食店で頼みすぎる人は嫌なんです。やたら多く注文するくせに自分は食べずに周りにすすめてばかりの人っていますよね？　人を気遣って頼んだつもりでしょうが、おしつけがましいというか、自分が頼んだものは自分で食べてほしい。

それでその人がお金を払うならまだわかるんです。お会計は私なのに、自分で勝手にどんどん注文する人もいる。頼まれてもないのに「みんなの分を」などと言われると、正直ムカムカしてしまう。

もちろん、別の考えの人もいらっしゃると思います。せっかくご馳走するんだから、食べきれないくらいたくさん頼んであげるほうがいい、という考え方の人もいるわけです。

でも、人のことに気を遣わなくていいから、自分が食べたいものを食べればいいと私は思います。要するにそういう人とは価値観が合わないのです。

ちなみに、鍋のときも私は「鍋奉行」です。具材を入れる順番があるので、絶対に人にはやらせません。

こんなちょっとしたことにも、人それぞれの考え方、好みがもちろんあります。

こうした嗜好や価値観や感覚が微妙にずれると人間関係はなかなかうまくいきません。だから夫婦関係を維持するのは本当に大変なことですし、お互いに努力して意見をすり合わせることが大事です。ときには妥協も必要です。

「冷蔵庫に納豆がギッシリ」で夫が激怒

次は、納豆が大好きな妻が、そのせいで離婚を告げられたという「納豆離婚」のケースです。

相談者の女性は納豆が大好きでした。納豆は三個パックで一〇〇円か、高くても二〇〇円くらいで買えますが、この人はとにかく納豆が好きで、スーパーの特売で安いときに大量購入するクセがありました。納豆は賞味期限よりも日持ちするからそれでも大丈夫なのだそうです。

そのため冷蔵庫にはいつも納豆が山のように入っていましたが、夫は納豆が嫌いだったのです。

夫婦関係が順調なうちは、夫も譲歩し、妻も納豆をそこまで溜めないように注意していました。

とあるいさかいをきっかけに夫婦関係が急速に冷え込み、夫が家を出たことがありました。頭を冷やした夫が二週間ぶりに帰って来て冷蔵庫を開けると、中に賞味期限切れの納豆のパックがギッシリ詰まっていました。

夫はそれを見て、「俺に対するあてつけか」と、また怒ってしまったのです。

結局、二人の関係は修復することはなく、離婚してしまいました。

別居中の夫婦がよりを戻した「チョコレート大作戦」

逆に、ちょっとしたことで夫婦関係が改善する場合もあります。

次にあげるのは、私が相談を受けた「チョコレート大作戦」の話です。

相談者は四〇代の女性です。結婚して一五年ほどですが、ある日突然、夫が出ていってしまいました。おかしいと思い探偵に依頼すると、夫は会社の同僚女性と社内不倫の関係にあることがわかりました。

妻は専業主婦で、どちらかというとおっとりしているタイプ。一方の不倫相手はバリバリのキャリアウーマンで、性格的には真逆なタイプでした。

妻の話では、夫婦関係に問題はなく、ずっとうまくいっていたとのこと。でも、夫が家を出ていった以上、本当はセックスレスだったとか、何か問題があったのでしょう。

いずれにせよ、夫は不倫相手のもとから戻ってきません。その状態が続き、とうとう二年も経ってしまいました。

妻は何とか復縁したいと思い、相談にやってきました。

別居して二年も経っているので、いまさらどうきっかけをつくってアプローチしていいかもわかりません。そこで考えたのが「チョコレート大作戦」です。

ちょうどバレンタインデーの前だったので、夫にチョコを送ることを提案しました。妻から直接送ると拒否される可能性があるので、子どもから送り、手紙を同封してはどうかと提案しました。

妻は最初、この作戦に乗り気ではありませんでした。いくら夫とはいえ、二年も顔を見ていません。チョコレートと手紙を送って拒否されるのが怖いのです。

でも、何とか説得し、妻も勇気を振り絞って手紙を書きました。心のこもった手紙が功を奏し、夫から返事がきました。これをきっかけに、少しずつ関係改善を進めていったのです。

関係が破綻したからといって諦めることはありません。ふとしたきっかけやイベントごと、タイミングなどで、嘘のように元のサヤにおさまることもあるのです。

第三章　日本人はアピールが下手すぎる

「トイレットペーパーは三〇センチまで」ドケチ夫が我慢できない

「夫婦関係のことは他人にはわからない」と決め込んで、悩みを胸の内にしまい込んでいる人も多いでしょう。

ただ、場合によっては自分で抱え込まずに他人に相談したほうがいいこともたくさんあります。

私の相談者で、「夫がケチすぎて我慢できない」という人がいました。

相談者は妻。夫は資産はあるのですが、まれにみるドケチで、細かいことまで無駄遣いは絶対ダメという人だそうです。倹約するから金が貯まるのも真理で、お金持ちにはこういう人が案外多いものですが。

シャンプーはワンプッシュまで。トイレットペーパーは三〇センチまで。ちゃんと計って使うのだそうです。

節約は美徳かもしれませんが、これほど極端なルールを妻に強要するのはいささかやりすぎです。

妻は「私が浪費家で、うちの夫の感覚のほうが普通なのだろうか」と当初は悩んでいたのですが、いろんな人に相談してみて、夫が世間の常識からかけ離れた並外れたケチであることを確信するに至り、ある意味安心したようです。

このように、第三者に相談することで解決できる悩みもあります。

ただ、何でもかんでも友達に相談し、その意見ばかり信用するのは気をつけたほうがいいでしょう。

相談を受ける側はどうしても一方的に相談者に都合のいい情報ばかり聞かされるもの。それに自分の友達に対しては批判的なことをあまり言わないものです。

どうしても偏った見方になりがちで、別れる必要なんてないのに「離婚したほうがいい」などと煽ったアドバイスをしがちです。

「友達のために」と意気込むあまり、ケンカを仲裁するどころか、火に油を注ぎ、むしろ焚きつける結果になってしまうのです。

「掃除したフリ」でアピール成功

私がこれまで約四万件の離婚相談を受けてきた経験上で申し上げますと、言い方は悪いですが、みなさんアピールが下手だなとつくづく感じます。

「私は仕事をがんばっている」「家事をがんばっている」、といったアピールが夫婦ともにできていないと感じます。

相談に来る夫婦はたいていパートナーがどれだけ苦労しているか、努力しているかを知らず、「自分のパートナーはダメな人間だ」と決めつけているのです。実際には仕事にせよ家事にせよがんばっているのに、です。

少し個人的な話をさせてください。私は離婚カウンセラーになるまで、いろんな仕事をしてきたのですが、とある建築事務所の事務として働いたこともありました。

その建築事務所の社長は、かなりワンマンで、言いつけ通りにしないとすぐ怒られました。いまならブラック企業と言われそうな会社です。

労働条件に「ボーナスを年に六ヵ月分」とありました。小さな事務所としてはずいぶん破格の待遇ですが、やはりウラがあります。古参の社員に聞くと、「そんなのだれももらったことがない」とのこと。ボーナスが支給される前にみんな辞めてしまうからです。ホントの話です。

ある日、社長が急に外出しました。ほかの社員も出払っていたので、オフィスにいるのは私だけ。とくに指示もなかったので、私はやることがなくなりました。

でも、うるさい社長なので、何かしないと怒られます。掃除でもしようと思ったのですが、オフィスはきれいです。社長がうるさいので、みんなが気をつけて普段から汚さないようにしていたのです。

とはいえ掃除した「フリ」くらいはしなきゃいけないと思ったので、私は社長の机の下にあったスリッパを一〇センチだけ動かしておきました。

社長が帰ってくると、私を呼びつけて怒りました。

「岡野さん、スリッパは動かさないで」

私は「はい、すみません」と返事します。たったそれだけですが、私は社長に「あっ、掃除したな」と思わせることに成功したのです。実際には掃除をしていないにもかかわらず、です。

小さなオフィスで、机は六つありました。仕事が終わるのは五時。五時ピッタリに帰っても怒られるし、あまりもたもた残業しても怒られるという、何だか難しい職場でした。

机が六個なのに、ゴミ箱は五つでした。しかも社長は自分のゴミ箱以外に、他の机のゴミ箱も使うので、仕事が終わる五時には、五個のゴミ箱全部にゴミが入っています。

私は午後になると、そのうち二つのゴミ箱のゴミを別のゴミ箱にまとめておきました。五つのゴミ箱のうち、ゴミが入っているのは三個くらいにしておくんです。

その後、五時ちょっと前ぐらいに、のこり二つのゴミ箱のゴミを一つのゴミ箱にまとめておく。

「あ、五時だよ、岡野さん、帰ったら」と言われたら、「はーい」と言って、その一個のゴミ箱のゴミをポンと捨てて「失礼します」と言って帰るんです。これで、「早く帰れ！」とドヤされることなく帰宅できました。

社長は、「岡野さんはどうしてこんなに早いの」と驚いて、ゴミ箱をチェックしに行って、首を傾げていました。

私は毎日、そうやってちょこちょことアピールしていたので、クビにもならず、辞めることもなく、まんまと六ヵ月分のボーナスをもらえたのです。

「コツコツがんばっていればわかってくれる」は間違い

アピールが下手な人ほど、「コツコツがんばっていれば、きっと相手もわかってくれる」と思いがちです。

もちろん努力はとても大事ですが、それだけではなかなか人に伝わりません。みんな自分のことで忙しいので、他人のがんばりなんてあまり気にかけていないのです。

「アピールばかりしている人はズルい」と思う人も多いのかもしれません。でも、コツコツ努力していることをアピールするのは当然のことで、ズルいことでも何でもありません。

アピールしなければ、自分の努力が認められることもありませんから、どんどんアピールしていいのです。

夫婦間でも、「家事をがんばった」「仕事をがんばった」と、どんどんアピールしたほうがいいと思います。

逆に、アピールをしていないから、パートナーはあなたの地道な努力に気がつかないのかもしれないのです。

「ヘッドホン騒動」や、「半沢直樹離婚」も、普段からもっと自分の努力をアピールしていれば、違う夫婦関係があり得たと思います。

もちろん、仲がよくてラブラブな夫婦なら、無理にアピールする必要はないかもしれません。ですが、長年つき合って気持ちが冷めてきているとか、関係がギクシャクしはじめた、という場合、アピールは関係改善にとても有効です。

関係がギクシャクしているときは、お互い相手のことを疑っています。「こいつは俺のことを愛していないんだな」「金だけが目的で出ていかないのか」などと、相手に疑問の目を向けているものです。

そんなときこそ「いまでもあなたのことを愛していますよ」「仕事や家事をちゃんとやっていますよ」とアピールすることで、相手の気持ちや態度にいい影響を与えることができます。

普段からアピールしていない人が、急にアピールするのも難しいと思いますので、誕生日プレゼントに感謝や思いやりをアピールするメッセージを添えるとか、何かのイベントの際に、さりげなくアピールすることをおすすめしています。

「アピールする人」のほうが可愛げがある

夫婦関係のトラブルを抱えているというと、夫婦のどちらかが「浮気している」や「DVやモラハラがひどい」といった「問題行動の多い人」というイメージがあるかもしれません。でも、先に触れたようにそういう問題行動がないのに離婚相談に来る人が増えています。

むしろ「真面目な人」や「不器用な人」ほど、ストレスを溜め込んで、突然爆発させてしまったりします。

そういう人に限って「自分はきちんと生きている」と思い込みがちですので、誤解されやすいものです。自分では多少やりすぎで恥ずかしいと感じるくらいにアピールすべきだと思います。

不器用でアピールできていない人はかなり損をしています。そのせいで、パートナーに自分の本当の気持ちを理解されなくて、夫婦関係にトラブルを抱えがちだからです。

本来はコツコツ真面目にがんばるタイプが多いので、ちょっと考え方を変えたり気恥ずかしさを乗り越えれば、日常的にうまくアピールすることは思っているほどハードルが高いわけではありません。

最近、そうしたアピールの力を再認識する出来事がありました。

私は離婚した経験があるのですが、最初の離婚の前くらいから、いろんなお店・会社を経営してきました。最初はランジェリーショップ、次がブティック、それから電話代行の会社、教育プログラムの販売、健康・ダイエット食品の販売、結婚相談所、そしていまの離婚相談所。計七つです。

私が経験した仕事はもっとたくさんあります。呉服店、不動産業、産業廃棄物処理会社の営業、消費者金融の会社でも働きました。先述の建築事務所の事務の仕事もあります。

そのため最近「そんなふうに仕事をたくさん経験しているのがすごい」と言われるようになり、ハローワークから講演を頼まれたり、短大で女性の起業について教えてもいます。

ただ、これが結構大変です。短大で受け持っている学生は三〇人弱いるのですが、みんな居眠りしたり発言もなく、ムードが暗いのです。

授業の最後にリアクションペーパーというものを書いてもらうのですが、それを見るとびっくりします。

らです。

「先生の話は面白かったです」とか、「今日、こういうことを学びました」と書いてあるか

「えっ、あなた寝てたじゃない」と思ってしまいます。

でも、学生がそうやって一生懸命自己アピールしてくると、不思議と悪い気がしないどころか、可愛くさえ感じてきます。

「あなたぜんぜん興味のない顔してたのに、私の話本当に面白かったの？」と思うのですが、それでもリアクションペーパーの内容も成績評価に入れています。

まだ二〇歳前後の学生なので、寝てるのがバレバレなのにシレッと書いてくるあたり、教えている人によっては怒ることもあるでしょうから、アピール自体はたいしてうまいとは言えません。けど、下手なりに一生懸命アピールする姿が、逆に微笑ましくて好印象だったりします。

アピールが下手な人ほど、「アピールするとウザがられて嫌われる」とか「自然なアピールができない」などと思っていたりします。

でもアピールして嫌われることはまずありません。それに、上手なアピールでなくとも、それはそれで効果的だったりするのです。

授業中に寝ていようが、よそ見していようが、「授業を受けてよかったです！」と書いて

くれると、私の気持ちも変わってくるのです。

だからアピールは大事。夫婦関係にもぜひ取り入れてみてほしいと思います。

パートナーの「SOS」を無視してはいけない

離婚相談に来る人は、たいてい、自分のことで頭がいっぱいになっています。「相手から何とかして慰謝料を取りたい」という人もいれば、「どうにか離婚だけは回避したい」という相談もあります。

ともに、自分の苦しみ、悲しみを軽減したいという思いが優先で、パートナーの人生が今後どうなるか、といったことは二の次になりがちです。

夫婦の危機を迎えて頭がパニックになっているので、自分のことしか考えられないのです。常に自己中心的だったわけではありません。

ただ、中にはずっと自分中心の考え方で生きている人もいます。

つい先日、ある男性から相談を受けました。大学病院勤務の医師で、初婚だったのですが、妻には連れ子が一人いました。さらに二人生まれたので、子どもは全部で三人になりました。子どもとの関係は良好とのことでした。相談者男性が連れ子を温かく受け入れたことが大きかったのでしょう。

ただ、妻はそれに感謝してはくれず、夫に対して偉そうな態度を取るそうです。「私はいろんな人から結婚を申し込まれていた。あなたがどうしても私と結婚したいというから、結婚してあげた」と面と向かって言うとか。

妻のそういう自己中心的なところが嫌で、離婚を考えている、という話でした。

次の事例は夫が浮気をしていたケースです。

相談者は妻です。夫は家業を継いだ二代目で、子どもが三人います。夫は仕事が大変なので、子育てはほとんど妻が担当しています。さらに、夫の両親と同居しています。舅・姑の相手をしながら、子どもを三人も育てているので、妻は大変です。

どうしても夫のことが二の次、三の次になってしまっていました。

妻は「私がいかにがんばっているか」を夫に主張してばかりで、夫が仕事で疲れて帰宅しても、ろくに労《ねぎら》いの言葉もなかったようです。

夫はそうした妻の態度が不満で、いつしかストレスを夜の街で発散するようになりました。

あるとき、夫は歌舞伎町のキャバクラを訪れ、ナンバーワンのキャバ嬢と仲良くなってしまいます。

夫の様子が怪しいと思って、妻が探偵を雇うと、夫の不倫が発覚しました。探偵は証拠写真の撮影に成功して報告書を作成。夫とキャバ嬢のラブラブな様子を見て、妻はショックを受けてしまいます。

そのせいもあったのか、妻が夫に余計な一言を言い、怒った夫は家を出てしまいました。結果から見ると、夫が夜の街に繰り出すようになったのは、夫婦関係がうまくいかないとの「ＳＯＳ」だったようです。

私は妻に「夫は、もっと自分のことを大事にしてほしかったんじゃない？」と言ってみました。すると、妻は「夫からもそう言われました」と答えていました。

もちろん不倫はほめられた行為ではありませんが、このように、そもそも夫婦関係が水面下で危機に陥っていたというケースも多いようです。

このケースでは夫は妻に「いまの関係に我慢できない」というサインを送っていました。でも妻がそれに気づかなかったので、夫は不倫に走り、家を出ていってしまったのです。

アピールはもちろん大事ですが、相手のサインを見落とさない心配りも大切です。パートナーからの「ＳＯＳ」に気づいた場合は感情的になったり無視したりせずに、慎重に対応しましょう。

「夫の職場はどこにあるのか」に答えられない妻

ある女性の話です。買い物に行ったときに、美味しそうなイチゴのケーキを見つけました。「イチゴのケーキは夫の大好物」だということを思い出したので買って帰り、夫は喜んでくれました。この夫婦はその後もずっと仲睦まじく暮らしています。

夫婦関係に一番必要なのは、こういう思いやり、気遣いです。

でも、相談に来る方の中には、さまざまな理由で気遣いを忘れてしまっている人が多いのです。

私はバリバリの昭和世代なので、人には気遣いをするように教えられて育ちました。でも、最近は他人への気遣いよりも、自分の利益を追求する人が増えているようです。

気遣いとは、いわば「小さな愛情」です。

相手のことを優先して考える姿勢がなければ、夫婦関係は遅かれ早かれ危機を迎えてしまうでしょう。

気遣いができないどころか、そもそも自分のパートナーに関心がないのでは？　とさえ思うことがあります。

「夫の職場はどこにあるのか」「勤め先の会社やチームの社員数はどれくらいか」といった

質問をしても、答えられない人がいるのです。

「駅はわかるけど、行ったことはありません」と答える人はまだましです。

もちろん、パートナーの仕事の内容などまったく知りません。

それくらい夫婦間のコミュニケーションが失われているケースも多いのです。

「お互い支え合う」夫婦はうまくいく

かつては「家庭は家庭、仕事は仕事」といった棲み分けのような考え方が当たり前でした。「仕事のことには口出ししてほしくない」と、家で仕事の話をしない人もたくさんいました。

でも、もうそういう時代は過ぎてしまった印象です。

米大リーグのロサンゼルス・ドジャースで活躍する大谷翔平選手が結婚しましたが、その際のコメントにあった「二人（一匹も）で力を合わせ支え合い」という言葉が話題になりました。

仕事でも家庭でも、夫婦お互いに支え合うという意識が求められているのです。

にもかかわらず、支え合うよりも、互いに正義を振りかざして戦ってしまう夫婦もいまだにしばしばあらわれます。

私のところに相談に来た方の中に、そういうケースがありました。

相談者は女性。夫は数十名規模の会社を経営しているそうです。家族を大事にしていたのですが、不運にも息子さんが交通事故に遭ってしまいました。

医師の診断は「すぐに脚を切断しなければ命に関わる」というもの。

ただちに家族で集まり、話し合いをしたのですが、夫が仕事を理由に来なかったのだそうです。

そこで妻は愛想がつきてしまい、離婚を決意したそうです。

妻の気持ちもよくわかります。息子の脚を切断するかどうか、という一大事に、夫は仕事を優先したのですから。「冷淡な人だ」と思ってしまうのも無理はありません。

私もその話を最初に聞いたときは、「離婚するのも仕方がない」と思いました。

でも、その後、夫側の事情を聞くことになり、その見方を変えることになりました。

夫は息子のことが心配でたまらなかったそうです。命が危ないとわかっていても、大切な息子の脚を切断する決心がつかず、判断の場から逃げてしまったのだという話でした。

繰り返しになりますが、その人は数十名の社員を束ね、日ごろから重要な判断を下している人なのです。

でも父親としては一人の弱い人間でしかない。そんな夫の内面のことを妻はいま一つ理解していなかったのです。

このように、一見すると一方の主張が正しいことでも、よくよく聞いてみると、相手にもそうせざるを得なかった原因があるものです。

自分個人の価値観で、単純に「これが正しい」と決めつけないほうが、夫婦関係はうまくいきます。

長続きするカップルの「ＫＩＳＳの法則」

大谷翔平選手のコメントを引用しましたが、長続きする夫婦ほど、お互いに支え合うという意識を大切にしていると感じます。

お互い好きで結婚に至ったとしても、もともと価値観も考え方もまったく同じというわけではありません。関係を維持する努力を怠ると、どうしてもギスギスしてしまうものです。

一方、長続きする夫婦ほど、普段から関係を維持するための努力を怠りません。

それを整理したのが、次にあげる「ＫＩＳＳの法則」です。

まず一つ目の「K」は「気を抜かない」こと。「うちの夫婦は仲がいい」と思って、関係を維持する努力をやめてしまったり、相手への態度が雑になったりしないようにしましょう。

次に、「I」は「イメージダウンさせない」。夫婦だと、つい相手のことを悪く言ってしまう人がいます。妻を「愚妻」と周囲に吹聴したり、「ダメ亭主」などと夫を悪く言う妻もいます。

お互いに悪く言う夫婦より、お互いに相手をほめ合う夫婦のほうが、長続きするのは言うまでもありません。

三つ目の「S」は「サービス精神」です。夫婦で暮らす日常が当たり前になると、相手にサービスしなくなる人がいます。そんななかでも、もちろん仲のいい夫婦ほど、ちょっとしたことでプレゼントを贈り合ったり、お互いに助け合っているものです。相手へのサービス精神を大事にすることを心がけましょう。

四つ目の「S」は「スキンシップ」です。

スキンシップも立派なコミュニケーションです。ハグや握手には人間関係を親密に感じさせる効果があります。日本人はついスキンシップをおろそかにしがちですが、仲のいい夫婦ほどスキンシップを大事にしているものです。

この「ＫＩＳＳの法則」をできるだけ取り入れるようにしましょう。

ヨイショは悪いことではない

ケンカが多い夫婦ほど、お互いに「自分は正しいことを言っている」と信じ込んでいたりします。

繰り返しになりますが、夫婦関係を維持したいなら自分が「正しいかどうか」に固執しないことが大事です。

嘘をついてまで自分を曲げることはありませんが、「言っている内容」よりも「言い方」のほうが大事だったりもするので、「伝え方」の工夫にも気をつけてください。

私はよく「三つの上手」とお話ししているのですが、うまくいっている夫婦ほど「聞き上手」「甘え上手」「おだて上手」であることが多いです。

「聞き上手」を意識して、相手の話を聞いてあげること。上手に甘えながら自分の意見を伝えること。相手のことをクサしたりせず持ち上げてあげること。

こういった対人関係における技術を「ソーシャルスキル」と言います。話の内容や具体的な行動よりも、こうした「ソーシャルスキル」のほうが人間関係にはよほど大事だったりします。

また、「KYの法則」もあります。

「K」は「可愛く謝る」、「Y」は「ヨイショして謝る」です。

ケンカになりそうなときに、「KYの法則」が身についている人は、何かトラブルがあっても、うまく相手の怒りを収めてしまうので、ケンカになりにくいのです。


アピールが下手な人は、次の「しあわせの法則」を意識してみてください。

「し」は「仕入れて（相手の希望を聞きだして）」。つまり、まず最初に相手の話を聞く、傾聴することを心がけましょう。

「あ」は「アピール」。自分がしてほしいことを相手にちゃんと伝えることが大事ですが、できるだけさりげなく伝えるようにしましょう。

「わ」は「忘れず」。誕生日や結婚記念日などを忘れるのは論外です。夫婦にとって大事なことを絶対に忘れないことがいいアピールになります。

「せ」は「盛大に」。せっかくのアピールを小声で呟いてもあまり伝わりません。相手が喜ぶようなことは、できるだけ盛大に、を心がけましょう。

第四章　「愛しているフリ」でうまくいく

夫婦関係にも「傾向と対策」がある

私はよく、「夫婦関係は大学受験みたいなもの」とお話ししています。

大学受験では、自分の夢ややりたいことにふさわしいのはどの大学のどの学部か調べ、入試の「傾向」を研究すると思います。その上で、たとえば音楽大学に行きたいなら、英語の勉強よりまずピアノを練習しよう、などと「対策」を考えるわけです。

夫婦関係もこれと同じで、まず「傾向と対策」を考えるべきなのです。

「夫は几帳面で細かいから、こういう言い方をしてはダメ」といった「伝え方のコツ」を踏まえないと、思わぬところで地雷を踏んでしまいます。

「こう伝えたらうまくいった」「この一言でケンカになった」という成功や失敗の事例を蓄積し、とくに相手が「カチン」ときた「地雷データベース」を構築しておき、常に参照して対処すれば、夫婦関係はかなりうまくいきます。

でも、多くの人は「地雷データベース」を作成していないか、地雷であろうとわざと無視しています。だから相手はちょっとした言い方にもカチンときてしまうのです。

残念ながら、ほとんどの人は、人間関係や夫婦関係を良好に維持する作業を人任せにしがちです。相手といい関係を築けていれば「相手がいい人だから」、関係が悪くなれば「相手が悪いから」と考えるのが普通です。

でも、そんな考え方だと、関係を改善することは不可能です。夫婦関係が悪化しているのは相手の人柄や性格の問題、自分のほうに改善すべき点はない。そう考えているなら、ひとたび関係が悪化したら修復しないまま離婚するしかありません。他人の行動をコントロールすることはできないので、相手が自分の好みに合わせるように自然と変わってくれることはないからです。

人間関係をよくしたいのなら、相手を変えようとする前に、まず自分の行動を変えたほうがよほど効果的です。

「なぜ相手は自分の気持ちをわかってくれないのか」といつもモヤモヤしているよりも、「どうすれば相手に伝わるのか」、すなわち「伝え方の傾向と対策」を研究したほうがよほど建設的ではないでしょうか。

不思議なことに、こういうコミュニケーション術は、夫婦関係ではやっていなくても、仕事では実践していたりします。職場の上司とか、取引先の人に対しては、「どういう言い方をすればこの人は喜ぶのか」をみな真剣に考えることでしょう。

でも、夫婦だとつい甘えてしまい、「傾向と対策」を研究しないのです。

とくにギスギスしている夫婦ほど、お互いに「傾向と対策」にもっと取り組むべきです。

離婚するかどうかは「損得」で考える

もし家に古いテーブルがあったら、どうすればいいでしょうか。

思い入れのあるテーブルなら、古くなってボロボロでも、しばらく取っておこうと思うでしょう。ただそのテーブルに何の思い入れもなければ、いますぐ粗大ゴミ行きにすべきです。

夫婦関係も同じです。愛情もないのに、経済的に損な関係を続ける必要はありません。逆に、「愛情」か「経済的なメリット」のいずれかが残っていれば、夫婦を継続したほうがいいのです。

夫婦には経済的な関係という側面もあるため、いまの関係が経済的に損なのか、得なのか、しっかり考えて判断する必要があります。

私の運営する離婚相談所では、最初から「別れなさい」と助言することはまずありません。

「立つ鳥跡を濁さず」ということわざを使うのですが、一度好きになって一緒に生活したわけですから、別れ際が汚いと、「あんな男と結婚していたなんて、自分の人生はいったい何だったんだろう」などとマイナス思考に陥り、落ち込んでしまいます。

また、深く考えずに離婚して経済的に困窮したり、相手の真意を見誤っていたことに気づいてしまうと、「離婚しないほうがよかった」と、自分の選択を後悔してしまうこともあります。

そうならないように、別れる前に一度、夫婦関係の改善をがんばってみることをおすすめしています。

自分にとってこの二人の関係がどのような意味を持っていたのか、なぜ結婚していたのか、どうして離婚したいのかをじっくり考えて理由を整理しつつ、何が原因で夫婦関係が悪化したのかを深掘りしてよく考えてみるのです。

その過程で、それまで気づかなかったパートナーの本当の気持ちに気づき、夫婦関係をやり直すケースもあります。

また逆に、パートナーの一向に変わらない言動を冷静に俯瞰してみると、「私は一生懸命に愛・お金を与えてきた。でも、この人には何も伝わっていなかった」と気づき、「自分を大切にするために別れるべき」と決心できることもあります。

このようにじっくり考えて決心したなら、離婚後に後悔することはないでしょう。

	愛情が残っている	愛情が残っていない
経済的に損	離婚しない	離婚しない
経済的に得	離婚しない	離婚

関係改善の努力が功を奏して、パートナーが態度を改めてくれることがあります。

これまで挨拶しても返事がなかったのに、「おはよう」と挨拶してくれるようになったり、口ゲンカが減ったり、会話がおだやかになったり、目に見えて関係が改善することもあるのです。

そういう努力をやってみてから、離婚するかどうかを決めてもらっています。

相談者に上のような「マトリックス」を書いてもらうこともよくあります。

横軸に「相手に愛情が残っている／残っていない」、縦軸に「離婚したほうが経済的に損／得」を配置し、自分の考えはどこにあるかを図で明確にしてもらうのです。

「愛情が残っていない」かつ「経済的に得」な場合だけ、離婚をおすすめしています。離婚相談に来たものの、できれば離婚したくないという人も多いです。口では大嫌いだ、離婚したいと言っていても、どこかに未練が残っていたりします。

そんなふうに離婚するべきかどうか迷っている人には、次の「究極のシミュレーション」をやってもらっています。

目の前で夫／妻が事故に遭い、瀕死の状態だとします。あなたはどう感じますか？
「ざまあみろ」と思って、会心の笑みを浮かべますか？
それとも、夫／妻のことを大事に思って、泣いてしまうでしょうか？
どんな回答でも、絶対に批判しないので、正直に話してください。

この質問に「会心の笑みを浮かべる」と回答する人は、もはや憎しみしか感情にないので、離婚したほうがいいでしょう。

夫の財布からお金を抜いても罪に問われない

この「究極のシミュレーション」は、何を隠そう、私自身が離婚したときに試してみたものです。

私自身も離婚の前に一年間ほど関係改善の努力をしてみました。ただ、元夫の態度は変わりませんでした。

そんなある日、この「究極のシミュレーション」をやってみたのです。さすがに笑うことはできませんでしたが、「もしこの人が目の前で死んだら、生命保険が下りるし、タダで家が手に入る。いいことずくめじゃないか」と思いました。そのくらい相手との関係の悪化に精神的に追い詰められていたのです。

こうして決心が固まったので、以降、離婚まで気持ちがブレずに進めることができました。いまでも後悔はまったくありません。

元夫に対しては、感謝すら覚えています。あのときウンとひどい条件をつきつけてくれたおかげで、私は「離婚カウンセラー」という天職につけたのですから。

調停で決まった、経済的な条件は私にとってかなり不利なものでした。慰謝料はゼロ、養育費は子どもが一八歳になるまで。財産分与もゼロという内容でしたので。

その当時の私は法律のことにはまったくの無知だったので、自分が損になる証拠どりだったことにすら気づいていませんでした。もっとお金をもらえたはずとわかったのは弁護士に依頼したあとのことです。

その経験から、離婚で理不尽な思いをする人をつくらないために、世の中にはそれまでまだなかった離婚カウンセラーという職業を始めようと決めたのです。

いま思うと、元夫の対応にはちょっとズルいところもありました。普段はベンツに乗ってロレックスをしているくせに、離婚調停にはわざとボロボロの車で来て、時計も安物に替えていました。そうやって貧乏だから払えないという調停委員の心証にもっていったのです。

彼は不動産業でしたが、宅建（宅地建物取引士）の資格を持っていなかったので、私が代わりに取ってあげたのです。彼の事業が順調だったのはそのおかげでした。

時代はバブルの終わり。家を一軒売ると報奨金だけで一〇〇万円も稼げたので、彼の財布にはいつもお札がいっぱい入っていました。

でも、彼は家にそのお金を入れてくれません。ある程度の額を決めて家計に入れてはくれましたが、家のローンと生活費でぜいたくはできません。自分ばかり遊んで散財する夫に腹が立ったので同居の母を見張りに立てて、夜中、夫が寝入っているスキに彼の財布から一〇万円ぐらいずつ抜いていました。というのも、彼の財布には毎晩の日付の入った高級な食事、スナック、クラブの領収書がザクッと入っていて、一〇万円くらい抜いてもまったく気づかないのです。このお金を夫が稼げているのも私の内助の功のおかげだと、自分の行為に大義名分を立てたのです。

よいことではありませんが、正面から要求したところでケンカになるだけですし、背に腹は代えられなかったのです。

実は夫婦の場合、パートナーのお金を抜いても罪にならないのです。正確に言うと窃盗罪ではあるのですが、犯人が配偶者、直系血族または同居の親族の場合は刑が免除される規定があるからです（刑法二四四条一項の「親族間の犯罪に関する特例」）。とはいえ当時はこんな知識もなく、ただただ稼ぎをシラッと隠している夫に腹が立っての仕返しでした。

「愛しているフリ」でうまくいく

相談に来た女性に、よく「女優になりましょう」とお話しししています。

夫婦関係の改善には、演技が必要です。離婚を考えるまで関係がこじれているのなら、いまさら一〇〇パーセントの愛情を注ぐことも難しいと思います。でも、「愛しているフリ」なら何とかできたりします。

俳優が役にあわせて演技をするように、愛している「フリ」をするだけでも、パートナーの態度が変わってくるものです。

逆に、相手のことを愛していても、その気持ちを伝えなければ、相手との関係はよくなりません。愛情も「伝え方」の問題が大きいのです。


こう言うと、「一生演技をして自分の本当の思いを我慢するのか」と思われるかもしれませんが、そうではありません。

半年から一年間くらいを「関係改善のための期間」と位置付け、努力してみましょう、ということです。

それくらいの期間でも、一生懸命に取り組んでいると、パートナーの態度が変わり、関係改善を実感できます。そうなると気分がいいので、パートナーへの態度がさらによくなります。こうして関係改善へのよいスパイラルが生まれるのです。

逆に、一定期間がんばってみて「やっぱり離婚すべきだ」と思うことがあります。それはそれでいいのです。

そうやって決心がつけば、離婚を後悔することもありません。

ただ、「演技をしろ」と言われても、抵抗がある人もいると思います。

自分のもともとの言動と違う振る舞いも、ときには必要になりますし、効果的です。パートナーにはずっと上から目線だったのに、急に低姿勢になれと言われて、うまくできないこともあると思います。

うまくできなくてもいいのです。一生懸命取り組むことで、相手に必死さが伝われば、それが関係改善への大きな力になります。

「マメな人」はやっぱりモテる

「愛しているフリをすべきだ」と言うと、「相手に媚びを売るようで嫌だ」と思う人もいることでしょう。しかし私が言いたいのは、へつらったり、相手に屈服しなさい、ということではありません。

男女ともに言えることですが、ちょくちょく連絡をくれたり、記念日のお祝いを欠かさない「マメな人」はやはりモテます。また、「愛嬌のある人」「パートナーを立てる人」も同様に人気があります。

容姿や経済力も大事ですが、パートナーに気遣いができる人、話を黙って聞いてあげられる人こそ、本当の意味での人気者なのです。

まず、かたちだけでもいいので、そういう人になりきってみましょう。

それによって、向こうの態度が変わり、夫婦関係が改善に向かう確率が上がります。演技といっても、大げさなことは必要ありません。何気ない瞬間に、心のこもった「気遣いの一言」を添えるだけでも十分です。

「いつもありがとう」と一言添えるとか、「子どもが安心して学校に行けるのはあなたのおかげ」などと伝えるだけで、印象はガラッと変わります。

要するに、相手にとって気持ちのよい一言を台本のように自分の頭に入れて、演技として言い切ってみることです。それがだんだんと本物・本気の言葉になっていくのです。

相手をおだてて気分よくさせる、と理解してもらっても構いません。

ただ、これはあくまで自分のためにやっているのです。そうやって相手に気遣いして、夫婦関係がよくなると、自分にもメリットがあるからやるのです。だから相手に媚びを売るとか、屈服するというわけではないのです。

「小さな気遣い」を続けているうちに、相手も攻撃的な態度を改めてくれるかもしれません。自分を立てて配慮してくれる人を、そう悪くは言えないものだからです。

「愛情の伝え方」を見直す

日本人は愛情表現が少ない、そもそも苦手だとよく言われます。

なぜそうなのか。考えるに「こちらの思いが真っ直ぐなら黙っていてもわかってもらえる」と信じ込んでいる人が多いからではないでしょうか。

自分は相手のことを愛している。大事にしていて、誠実に考えている。

その思いが純粋でさえあれば、別に「伝え方」を工夫する必要はない。

むしろ、「伝え方」を工夫し、アピールばかりしている人は、ズル賢い嫌な人間だ。無意識にそんなふうに考えていないでしょうか。

それが間違いとは言いません。その考え方にも一理あるでしょう。

ただ、ギクシャクした夫婦関係を改善するためには、この考え方は一度捨てたほうがいいと思います。

思いが純粋であっても、相手に伝わるとは限りません。思いや気持ちを言葉や行動にあらわしてはじめて相手に気持ちが伝わるのです。

私のところに来る相談者を見ていると、「こっちは一生懸命なのに、何で向こうはわかってくれないんだ」と悩んでいる人がたくさんいます。

そんな方こそ、一度冷静になって、「愛情の伝え方」を見直してみてください。

もう愛情が伝わらないと感じていても、夫婦関係を維持したいなら、せめて「愛している演技」はしてみてください。

それだけで、夫婦の関係が改善に向かい、ストレスが軽減されるでしょう。

「自分の意見を言う」ばかりではうまくいかない

いま、パワハラや性被害の告発が相次いでいます。もちろん告発すべきひどいケースも多いでしょうし、被害者が勇気を出して訴えていくことで、社会がよくなっていく面もあると思います。

もともと日本では嫌なことを黙って耐えるほうが「美徳」とされがちでした。ただ最近は「もっと自己主張すべきだ」と考える人も増えてきたようです。企業や学校でも「自分の意見を言う」ことを推奨しています。

自分の権利をどんどん主張していこう、という雰囲気自体はよいことだと思います。ただ、人間関係を円滑にするには、自己主張ばかりしているのは問題です。相手に対する気遣いがなければ、人間関係はトラブルに満ちたものになります。

私のところに相談に訪れる人の中にも、自己主張ばかりで、相手への気遣いが足りないように見える人がいます。

そういう人も、会社ではこのご時世に合わせて周囲に気を遣っていたりします。他人には気遣いをしていても、家族に気を遣わないのです。

でも本当に大事にすべきなのは家族です。いざというとき、他人は味方をしてくれませんが、家族は最後まで味方をしてくれるものです。

しかも夫婦は経済的にも最重要パートナーであり、その権利は法律で保護されています。

他人に気を遣うことができるのなら、まずは家で大切な人に気遣いすべきなのです。

「自立した人」になろう

こういう話をすると、みなさん「そうですよね」とおっしゃいます。うすうすは誰もがそう感じているのです。

ただ、頭ではわかっていても、他人には気遣いができても、自分のパートナーにはうまく気遣いができない人が多いようです。

なぜできないか、手短に言えば、それはその人自身が精神的に自立できていないからです。

自分が幸せになることを、どこか相手任せにしていないでしょうか。

夫・妻に頼っていれば、きっと自分のことを幸せにしてくれる、と思っていませんか。

頭では自立しているつもりでも、何となく夫婦関係を相手任せにしがちです。だから関係を改善するために、主体的に努力できないのです。

心のどこかで、「自分は夫婦関係の犠牲者」と考えていないでしょうか。

不倫や借金など、パートナーの問題行動がトラブルの原因だったとしても、問題行動をしてしまうパートナーを選んだのは自分自身です。だから、自分の判断や、これまでの言動のどこかに、きっと改善すべき点が見つかるはずなのです。

でも多くの人は「モラハラする夫が悪い」「冷淡な妻が悪い」「自分は被害者だ」と考えがちです。だから夫婦関係を改善できないのです。

仕事でも、売り上げが上がらないのを「部下のせい」「上司のせい」と考えていては、改善しようがありません。こういう人は結局のところ、会社に依存しているのです。

でも、売り上げを増やすために、自分にできることを探して積極的に取り組む人には、いずれは結果も評価もついてきます。

夫婦関係も同じです。関係がよくなるか、悪くなるかを「相手任せ」にしないことが非常に重要です。

精神的に自立できていない人ほど、モラハラに走りがちという印象もあります。

自分が自立していないから、心のどこかで相手も自分と同じようなダメ人間と思っている。だから相手をどこか見下しがちで、ひどい言葉をかけることに抵抗感がないのです。大きい度量をもって、内心で相手を下に見るのとでは真逆の姿勢です。

相手の人格を尊重せず「ここから先は相手の領分」といった配慮もしないので、細かいことまで指図して自分の言う通りに動かそうとする。もう立派なモラハラです。

精神的に自立している人は、相手のことも自立した存在、自分とは別個の価値観を持つ存在だと考えます。だから「相手が決めるべきこと」には踏み込まないのです。いい意味で自由放任主義だと言えるかもしれません。

精神的に自立している人は、他人の評価をあまり気にしないものです。もちろん評価されれば嬉しいでしょうが、他人の顔色を窺ってびくびくすることはありません。重要なのは自分の判断基準であり、評価を他人に依存していないからです。

夫婦関係においても、「自立している人」は自信を持っているので、パートナーにも優しく接します。だから長く仲のいい夫婦でいられるのです。

言いたいことを我慢せず伝える技術

「アサーション（assertion）」という言葉をご存知でしょうか。

直訳すると「自己主張」で、「自分も相手も大事にするコミュニケーション方法」のことです。

相手の意見を尊重しつつ、自分の主張もしっかり行うというもの。「相手を怒らせたり、嫌な思いをさせずに、うまく自己主張する技術」と言えばいいでしょうか。

アメリカの心理学者、ジョセフ・ウォルピが一九五〇年代に行動療法の一種として紹介したとされています。

とくに、一九七〇年代のアメリカ社会では人種差別がクローズアップされ、そうした対立を乗り越えるコミュニケーション方法として広まりました。

アサーションを身につけることで、相手に不快な思いをさせずに断ったり、自分の要望を率直に伝えることができます。


離婚相談に来る方の中には、言いたいことを相手に言えずに我慢している人が多いと感じます。そういう日々のストレスのためか、ふとしたはずみで怒りのマグマが大噴火してしまう人もいます。

逆に、普段からうまくお互いに自己主張できている夫婦は、トラブルも少ない傾向にあります。

上手な自己主張とはどのようなものでしょうか。

たとえば夫に、「明日は自分の代わりに子どもの付き添いで病院に行ってほしい」と伝えるとします。

その際、「夫婦は平等に子育てすべきだ。だからあなたが明日、子どもの付き添いに行くべきだ」という言い方をしたら、どういう結果を招くでしょうか。

もちろん夫の性格やその場面での夫婦の関係性にもよりますが、かなりきつい言い方だと受け取られて、ケンカに発展するかもしれません。

そうではなく「仕事で疲れているときに悪いけど、明日はどうしても手が離せなくて、代わりに行ってもらえないか」という言い方をしたらどうなるでしょうか。

きっと相手は快く受け入れてくれるでしょう。これがアサーションの基本的な考え方です。「あなたは○○すべき」と言う代わりに「私は○○をしてほしい」と言うだけで、印象がまるで違ってくるのです。

「うちの夫は子育てに協力しない」と不満に思っていても、「それを伝えると夫とケンカになってしまう」と思って、我慢している人も多いのではないでしょうか。

そういう場合にはアサーションが有効です。相手を否定せず、尊重し、感情的にならない伝え方を心がけると、相手は怒らずに聞いてくれるものです。

「フリの力」を最大限活用する

「嘘から出た実《まこと》」ということわざがあります。嘘として言ったつもりが、結果的に真実になってしまうことです。

同じように、「愛しているフリ」を続けていると、本当に愛情が戻ってくることがあります。言葉に出し、フリを続けていると、いつの間にかその気になってくるのです。

恋愛から結婚に至るプロセスにも、こういう「フリの力」が関係しています。

結婚紹介所ではじまったならいざしらず、出会った当初から結婚を考える人は少数派でしょう。恋愛関係を続けるうちに、徐々に結婚を意識していくのが普通です。

パートナーとして振る舞っているうちに、だんだん本当にパートナーになっていくのです。

夫婦関係を改善したいなら、こうした「フリの力」を最大限活用すべきです。

何も相手を騙せとか、うわべのテクニックに習熟しろ、ということではありません。シンプルに、相手にとって自慢になるくらい必要なパートナーを演じていると、それがそのうち本当になる、というだけです。

「フリ」をすると不誠実で、相手が嫌がると思われるかもしれませんが、それは誤解です。

「フリ」といっても、やはりある程度相手に好意がなければ、「フリ」を続けるのは難しいもの。だからこそ、愛は根底にあるのです。

だから「フリ」をすること自体が、相手との関係をよくしたい、維持したいというアピールになるのです。

「フリをしてくれるほど、自分のことを考えてくれているんだな」と思うことはあっても、嫌がられることは私の経験上からもあまりありません。

繰り返しになりますが、「嘘をついてごまかせ」と言っているわけではないのです。

相手に対する「伝え方」を工夫すべきだと言っているのです。

「会社ではできるのに家ではできない」のはなぜか

私は講演などで常々「会社と家庭を分けてはいけない」とお話ししています。

夫婦関係に悩んでいる人ほど、「仕事と家庭は別」と思いがちです。

会社であれば、部下にちょっとした仕事を頼んだら、「ありがとう」とか、「忙しいところ悪いね」などと、自然に気遣いをしているはずです。そういう言葉をかけないと、部下や同僚に不満を持たれるかもしれないと理解しているからです。

でも、そんな人ほど、家では気遣いの言葉をかけていないのです。

家でも気遣いをしなければ、パートナーから不満を持たれます。

家庭も会社と同じく、規模は小さくても一つの組織です。組織の中では、会社と同様に「横柄に振る舞ってはいけない」とか「パワハラをしてはいけない」という人間関係のルールが存在します。

そうしたルールを破ってばかりで、パートナーへの気遣いがなければ、相手からのあなたへの評価は下がって当然です。

会社より家庭を軽視するのは本来おかしなことです。会社は本当に困ったときには助けてくれません。それどころか、突然あなたをクビにするかもしれません。

一方、夫婦や家庭は困ったときこそ支えてくれるもの。夫婦関係が良好であれば、経済的に苦境に陥っても切り抜けることができます。

だから本来は夫婦関係のほうを大事にすべきなのです。会社での気遣いよりも、夫婦関係における気遣いをもっと増やすべきです。そうしないから夫婦関係がどんどん悪化していくのです。

「自分は浮気もしていない、一生懸命働いて家族を養っている。だから悪いところはない」と考える人もいるかもしれません。

でも、浮気しない、生活費を払うというのは、言ってしまえば「当たり前」のレベルの話です。それは当然として、その上に気遣いをどれくらい積み重ねてくれるか、を相手は見ています。夫婦関係を継続したいなら、そういう面での努力が必要なのです。

中高年の方だと、いまから性格や価値観を変えるのは難しいと抵抗もあるでしょう。でも、ちょっとした気遣い、気配りならできるはずです。

そのくらいのちょっとした努力、「愛しているフリ」だけでもかなり効果的、それだけでも夫婦関係は改善できるのです。

逆に、その程度の努力もする気になれないなら、もはや離婚したほうがいいかもしれませんね。

夫婦問題の本当の解決策

離婚を回避したいと相談に来る方には共通の目標があります。それは、「夫婦関係を改善して、これから本当の人生の幸せを手に入れる！」ということ。

それに向けて私は、まず「あなたの一番の悩みは何ですか？」と聞くことからはじめます。

するとたいてい、こういう答えが返ってきます。

「パートナーの気持ちがわからない」「自分の今後の生活が不安」「子どもの教育、進学が心配」「モラハラ、浮気をやめてほしい」「夫婦仲を元の通りに修復したい」……。

夫婦のトラブルの原因は、おおむね二つに整理されます。

原因① パートナーを大事にしていない
・パートナーを大切にしなかった……子どもを優先していた。他の人にばかり気を遣っていた
・パートナーにうまく甘えられなかった……可愛いと思われる行動をとれなかった
・いいことは「当たり前」で、不安なことばかり取り上げていた……いつもネガティブに接していた

原因② 自分の要求を優先させていた
・感情だけで行動していた……ケンカの際に性急に解決しようと無理をした
・相手を理解しようとしなかった……自分本位の考え、常識をつきつけ、相手の価値観を認めようとしなかった

これに対して、次の解決策が考えられます。

解決策① パートナーの価値を認め、優しく接して、相手をリスペクトする……経済

力、他人からの評価、子どもへの影響を考える
解決策② 冷静になって相手の気持ちを分析し、喜んでもらえることを考える

当たり前のことのように思われるかもしれませんが、実際には多くの方ができていないのです。

挨拶だけでも夫婦は変わる

朝起きて顔を合わせても「おはよう」とも言わない。それどころか「フン」と返事にもならないリアクションをしてくる始末。

トラブルの絶えない夫婦ほど、お互いにこういう態度を取りがちです。パートナーをリスペクトしていないことが言い方や態度から明白に伝わってきます。

そうしたコミュニケーション、伝え方をやめて、挨拶や相手へのちょっとした声掛けを増やすと、相手を尊重していることが伝わります。

朝起きたら気持ちを込めて「おはよう」と挨拶し、食事の前には「今日のご飯はこれだから」とか、ちょっとしたコミュニケーションを欠かさないことが大事です。

外出時には「気をつけてね」と声掛けしたり、リスペクトし合っている夫婦の間には、こうした「ちょっとしたコミュニケーション」があふれています。

意識的に挨拶を増やすことはもちろん、「相手をリスペクトすること＝コミュニケーションを大事にすること」と肝に銘じて、丁寧な態度を心がけてみましょう。

たとえうまくできなくても、「パートナーをもっとリスペクトしよう」と思うだけでも、相手には結構伝わるものです。

たったこれだけでも、冷え切っていた夫婦関係が改善することがあります。

「ケンカして一晩中詰め寄る」はNG行為

夫婦によくある「間違ったコミュニケーション」の一つに、「ケンカをしたときに解決を急ぎ、一晩中詰め寄る」があります。

パートナーの浮気が発覚した、とか、相手の問題行動を見つけた場合など、出口のない詰め方で相手を追い込む行動に出る人も多いようです。

でも、冷静に考えれば、これが得策ではないことがわかると思います。

相手に問題行動があった場合、カッとなってしまう気持ちもわかりますが、本書でもこれまで触れてきたように、たいていは相手にも何らかの言い分があるものです。

一晩中詰め寄っても、相手が素直に反省の思いを打ち明けてくれるとは限りません。むしろ、相手はますます態度を硬化させ、その行動に至った根本的原因について釈明することもせず、胸の内に秘めてしまうでしょう。

そもそも明日も仕事などがあるのに、一晩中詰め寄ったりすること自体、相手をリスペクトしていない証拠です。自分をリスペクトしていない人に対して、相手が心を開いてくれることはありません。

もちろん、いますぐ白黒はっきりさせて、場合によっては離婚するというなら、それも有効な手かもしれません。ただ、これからも夫婦関係を維持するつもりなら、一度冷静になって相手の立場に立って話を聞いたり、せめて話を中断して落ち着くことも必要です。

自分では正しいと思っていても、それはあくまであなたの考えです。自分本位の考えや、常識、倫理観をつきつけるのではなく、冷静に相手の気持ちを分析するほうが、関係改善につながります。

関係改善に使える一言「夢のお告げ」

パートナーと何とか復縁したいものの、別居していていまさら連絡しにくい、という場合もあります。

「ちょっとだけ話を聞いてほしい」などと伝えても、別居中だと、よほど誠意を見せなければ無視される可能性が高いでしょう。

そんなときに使えるのが、「夢のお告げ」です。

実際に私が経験した中で、「夢のお告げ」をきっかけに関係改善に成功したケースがあります。

復縁を望んでいたのは夫。投資関連のビジネスをしていて、お金持ちで遊びにも積極的なタイプです。

ただ、夫が遊び回っているのを見て、妻は愛想をつかし、自分も愛人をつくって出て行ってしまいました。

子どもが三人いることもあって、夫としては、妻に戻ってきてほしい。ただもうすでに出て行ってしまったので、復縁をどう切り出していいのかわからない、という相談でした。

そこで私が提案したのが「夢のお告げ」です。

「夢にご先祖様が出てきた。妻は運命の人だから、もっと大事にしろ、そうするとご利益がある、と言われたので、連絡した」

そんなメッセージを送るよう提案したのです。

「何だそんなことか」と思われるでしょうが、これが意外と効果的なのです。

「夢で見た」というのはそれなりに本当っぽさがあって、まったくのでたらめという雰囲気でもありません。仮にウソだと思われても、関係がこじれた相手が、恥をしのんで無理矢理口実をつくってくれた、と解釈してもらえると好印象だったりします。

復縁を切り出すきっかけとしては、かなり使える一言なのです。

実際、妻はこの話を信じて、夫と話し合いをはじめることになりました。

伝え方一つで夫婦はどうにでもなる、という一つの例です。関係がこじれている人はこういうテクニックも試してみてください。

第五章　もっと「したたかな人」になりなさい

なぜ「自分の都合」ばかりになるのか

私の運営する離婚相談所では「夫婦円満プログラム」を実施していますが、この中で「夫・妻にねぎらいの手紙を書いてみる」というワークショップをやってみました。するとだいたいみんな最初はこういう文章を書いてきます。

「いつもお仕事をがんばってくれてありがとう。今年はコロナで二月から在宅勤務になったね。そんな大変な状況でも毎月お給料が出て、今月はボーナスも出たので本当にありがたいことです」

これを読んでみなさんはどう思われたでしょうか。一見、相手のがんばりをねぎらっているようで、実は自分の都合ばかり書かれていることにお気づきの方もいると思います。「コロナで在宅勤務になったね」とありますが、相手へのねぎらいの言葉はありません。しかも「お給料もボーナスも出てありがたい」は、自分の気持ちそのものです。相手をねぎらうつもりでも、自分の都合ばかり書いているのです。

もっと相手への「ねぎらいの言葉」があってもいいと思います。コロナ禍での在宅勤務については「慣れないリモートワークで大変だったね」とか、ねぎらいの一言を入れると印象が全然違ってくるのです。

離婚相談に来る方ほどこういう「ねぎらいの一言」が苦手です。

甘えているというと失礼ですが、結婚以来、相手から愛情やお金を与えてもらう関係に慣れてしまい、お返しをするという意識が希薄なのかもしれません。

結婚相手とは自分にとって一番近しい存在。あえて言わなくても「わかってくれている」と思いがちです。

でも、あなたが「わかってくれているはず」と思うとき、意外と相手はわかっていないものです。

「言わなくても気づいてくれるだろう」ではなく、きちんと自分の思いを伝えることが必要。その際は、自分の感情や意見ばかりにならず、できるだけ相手の立場に立って、言葉をかけることが必要です。

「夫婦だから許される」はダメ

離婚相談に来る方には「相手に言いたいことを言えず我慢している」人が多いと書きました。「自分の意見を言うと否定される、ケンカになる」と思っている人がたくさんいます。

以前、『嫌われる勇気』という本が大ヒットしましたが、「自己主張すると嫌われる」と感じている人は、やはりかなり多いと感じます。

先にご紹介した「アサーション」は、相手を怒らせずに自己主張する技術でしたが、他にも「イエスバット話法」という方法があります。

ビジネスの世界では有名な話法で、営業トークに取り入れている人も多いのではないでしょうか。

たとえばあなたが車のセールス担当で、お客さんにベンツを売ろうとしているとします。でもお客さんから「ベンツなんか高くて買えない。うちは国産の軽自動車で十分」と言われてしまった場合、どう切り返せばいいでしょうか。

「国産の軽自動車なんて、狭くて乗り心地が悪いし、スピードも遅いですよ」と、お客さんの言い分を真っ向から否定すると、きっと怒ってしまうでしょう。

でも、「そうですよね。ベンツは高いですから、大変な出費ですよね」と、いったん主張を受け止めた上で、「でも、ベンツはとても安全な車なんですよ」とか「でも、ベンツに乗ることで、仕事へのモチベーションが上がって、収入が増える人もいるんですよ」などと自分の意見を伝えれば、はなからお客さんの意見を否定するよりは相手も納得しやすいでしょう。

これが「イエスバット話法」です。

普段のビジネスシーンでは「イエスバット話法」を使っている人でも、夫婦関係だと相手の意見をいったん受け入れるのを忘れて、いきなり論破しようとしたりします。

「夫婦だから許される」と感じてしまうのでしょうが、相手にとっては「カチンとくる」伝え方です。

夫婦でも「イエスバット話法」を忘れず、相手の言い分に「そうだね、そうだね」と寄り添ってから、「でもね……」と、さりげなく自己主張をするようにしましょう。

「少し相手を下にとらえる」くらいでいい

本書の冒頭にも書きましたが、最近の離婚相談の傾向として、「みんな白黒はっきりさせたがる」という特徴があります。

「私は正しい、間違っているのは相手」と決めつけるのですが、そう信じるあまり「マウンティング」や「モラハラ」をしてしまったり、相手の気持ちに配慮しない言い方をしてしまう人も多いのです。

夫婦関係を改善したいなら、この「白黒はっきりさせるクセ」をやめるべきです。

これまで述べてきた通り、「夫が愛人をつくって家にお金を入れない」式のわかりやすいトラブルは減り、「食洗機がうるさい」とか、価値観の違いに基づく「ささいな問題」が離婚の原因として増えてきています。

でも、そうした問題は多くの場合、「どちらにも非がある」か、少なくとも「相手にも言い分がある」ケースがほとんどです。

「私は正しい、間違っているのは相手」と居直っていても、トラブルが悪化するばかりで、解決しません。

私はよく講演で「したたかになりましょう」とお話ししています。

「したたか」というと、「策略を巡らせる悪い人」とか、「ずるい奴」といったイメージがあるかもしれませんが、なにも「悪人になれ」と言っているわけではありません。

ここで言う「したたか」とは、「大人で器の大きい人」くらいのイメージです。

相手のちょっとした言動にイライラしてしまうのは、「相手と自分を対等だと考えている」からです。

相手を対等な存在だと思っているから、段取りが悪くて食洗機をかける時間が遅いことに、「自分ならそんなにダラダラしない」と腹が立つわけです。

でも、相手を「自分より下」くらいにとらえていたらどうでしょうか。

職場でのことを思い出してください。部下や後輩が仕事でミスをしても、毎回激怒しているでしょうか。もちろん、叱ることもあるでしょうが、たいていは「部下、後輩だから仕方ない」と流しているはずです。

相手のことを少し下にとらえていれば、ちょっとしたミスに寛容になれるのです。相手を馬鹿にしろ、軽蔑しろ、というわけではなく、自分は相手よりちょっとだけ「器が大きい」とかまえてみることで、相手の至らない点をスルーできるなら、そのほうが得だという考え方です。

「うちの夫は家事をやらないダメ人間」と考えると腹が立ちますが、「夫は家事もできないくらい能力が低い弱い人」くらいに鷹揚にかまえていれば、寛容にもなれるわけです。

私は「慈しみ」という言葉を使うのですが、あたかもお釈迦様が衆生《しゅじょう》を慈しむかのように、パートナーのことを「自分よりも許しが必要な人」くらいに思うといいのです。

逆に、パートナーと対等に接しようとすると、先ほど挙げたケースのように、ちょっとした言動で腹が立ち、すぐケンカになってしまいます。

「したたかな人になりなさい」とは、こういう意味です。

パートナーを「愚〇〇」と呼ぶのはNG

世間一般では「したたかな人」というと、「合コンでアラブの石油王を捕まえて結婚した人」みたいな、女性の魅力でセレブな相手を落とす、あざといイメージがあるかもしれません。

でも、そういう人は私の考える「したたかな人」とは異なります。

相談に来る方の中にもいるのですが、「手練手管に長《た》け、成功者を捕まえた人」は、結婚した後は家庭で相手の足を引っ張ってばかりです。

そうではなく、本当に「したたかな人」は、パートナーを持ち上げ、出世させることで、自分も利益を得る、といったタイプです。

テレビの歴史番組で、山内一豊の妻についてコメントしたことがあります。

山内一豊は安土桃山時代の武将で、豊臣秀吉、徳川家康と仕える主君を変えながら出世し、土佐藩主にまでなった人です。

この山内一豊の出世には、妻・千代の「内助の功」があったといわれますが、この千代という人物はどうも非常に「したたかな人」だったようです。

一豊が、徳川家康の覚えがめでたくなったのは、千代の機転のおかげといったエピソードがたくさんあります。

現代でも、たとえば辻希美さんのご主人の杉浦太陽さんなんかは、パートナーを立てて、活躍を支えているように思います。

こういう人こそ私の考える「したたかな人」です。

「内助の功」というと、どうしても男尊女卑というか、ジェンダー的に問題があるかのように感じる人もいるかもしれませんが、パートナーを立てるかどうかは男女どちらにも当てはまるテクニックだと思います。

ひと昔前の「昭和のサラリーマン」には、自分の妻を「愚妻」などと呼ぶ人がたまにいましたが、そういう態度はパートナーの地位を不当に下げるばかりで、手助けになりません。妻を下げることで自分も下げて相手を立てるといったカビくさいビジネスマナーですが、いまの時代に通用するとも思えません。

むしろ、「内心ではパートナーを下に見ていながらも、人前ではパートナーを持ち上げて気分をよくしてくれる人」こそ「したたかな人」です。

職場でも同じだと思います。取引先に部下を連れて行くときに、「こいつは出来損ないなんですが」などと紹介する人はそういう古い考えの持ち主でしょうが、顧客から信頼されませんし、下手したらパワハラで訴えられるかもしれません。仲間や部下をクサすことが管理職のあり方と勘違いしている世代の最後の生き残りでしょう。

いまどきの上司は「彼は期待の新人です」とか「優秀な若手です」と紹介するものです。

逆に、人前でパートナーを「愚妻」とか「ダメ夫」とけなす人は、職場でも無意識に周りの人をディスって、水面下で嫌われているかもしれません。

「いやいや、うちのパートナーは本当に愚妻・ダメ夫なんだ」と真顔で主張する人もいますが、百歩譲って実際にそうだったとしても、パートナーにもっとがんばってもらうためには、とにかくほめることです。

嘘でも「妻はすごい」「夫はすごい」と言っているうちに、パートナーがこれまでよりもがんばってくれれば、自分にもメリットがあるわけです。

このように、お互いの関係を向上させるために、善意からすこしだけ話を盛ってほめてくれる人こそ、私の考える「したたかな人」です。

愛される人がやっている「5Sの法則」

「したたかな人」はほめ上手です。

ほめられて嫌な気になる人はいません。人間は結構単純な生き物なのです。

仕事でも、とにかくほめてほめちぎってくれる人のほうが、顧客から好かれて成果を挙げるものです。

でも、日本人はほめるのが苦手だと言われます。私のところに相談に来る夫婦を見ても、お互いにほめ合っている人はあまり見かけません。

むしろ、夫・妻をほめるのは何となく抵抗がある、という人が多い印象です。

目の前の相手を冷静、客観的に評価しようとすると、なかなかほめられないものです。「悪くはないけど、ほめるほどではない」などと考えていると、ほめ言葉は出てきません。

でも、よくほめる人は、そのあたりは多少オーバーにやっています。相手のちょっとした成果や長所に着目して、「それはすごいね」とどんどんほめ言葉を口にしていきます。

客観的に見れば、本当にちょっとした仕草でしかなく、だれでもやっていることであっても、「したたかな人」はとにかくほめるのです。

ある意味、「したたかな人」は嘘つきかもしれませんが、自分が得をするために相手を騙しているわけではありません。自分も相手もハッピーになれるように、少しオーバーに表現しているだけ。これは「罪のない嘘」だと言えます。

「したたかな人」は「社交辞令がうまい人」とも言えるかもしれません。

ほめるのが苦手という人は、「5Sの法則」を覚えてください。

「5S」とは「さすが」「すごい」「すてき」「すばらしい」「さいこう」というほめ言葉の頭文字です。

「したたかな人」、ほめ上手な人ほど、この五つの言葉をよく使っています。

私がテレビに出たとき、ある知り合いの社長さんが録画して、明るく楽しい雰囲気に加工した私の写真をたくさん送ってくれました。そのとき、私は「さすが○○さん」「すばらしい」と、「5S」を連発したところ、社長さんは喜んで「また次回も写真を送ります」と言ってくれました。

「5Sの法則」を使うと、相手も自分もハッピーになれるのです。

「謝ったら死ぬ病」の原因

夫婦関係につきものなのが「ケンカ」。

よく、ささいなことでケンカになってしまったとき、真面目な人ほどパニックになってしまいがちです。でも、ケンカは避けられないと思ったほうがいいでしょう。

むしろ、ケンカをしないほうがストレスがどんどん溜まっていくので、ときどきぶつかったほうがガス抜きになっていいかもしれません。

ただ、ケンカがエスカレートすると、夫婦関係の危機に発展してしまうので、相手のキレ方が沸点に達したと察知したときはすぐ謝ることが大事。仕事でも、クレーム対応の最善の策はひたすら謝ることだと言われていますが、夫婦関係も同じです。

でも、夫婦ゲンカになると、なかなか相手に謝らない人も多いようです。謝る代わりに、何か手伝ったり、プレゼントでごまかしたりする人もいます。それも一つの方法でしょうが、ケンカの原因になっているテーマについて話し合うことを回避してばかりだと、いつまでも解決しないままです。

その場は収まっても、根に持たれて、いずれトラブルが再燃することもあります。

なぜ謝れないかというと、やはり物事を「よい・悪い」で杓子定規にとらえているからではないでしょうか。「ケンカになったけど、自分は悪くない」と信じ込んでいるから、謝れないのです。

そうではなく、とにかくケンカを収めて関係を改善するために、嘘でもいいから謝る必要があります。でも嘘はつきたくない、どうすれば……。

自分が正しいかどうかではなく、相手の気分を害してしまったことを申し訳なく思えれば、謝ることができるようになります。その上で、パートナーの心情に寄り添い、共感することが重要です。

パートナーの言い分に反対するからケンカになってしまうのです。話の内容は二の次と考えて、とにかくケンカを収めるために、まずは寄り添って話を聞くこと。

ひたすらに「傾聴」するというより、やっぱり愛情をもって、パートナーの味方をしてあげることが必要です。あなたにとって必要で大切な人なんですから。

「旦那デスノート」も役に立つ理由

真面目な人、不器用な人ほど、いざケンカになると白黒をはっきりさせたがる、とすでに書きました。相手の言っていることを「この人の言い分は間違っている」とか「これはモラハラだ」と、ネガティブに解釈しがちです。

そうではなく、「この人は自分の気持ちを私にわかってもらいたくて怒っているんだ、本当は私のことを愛しているから感情的になるんだ」とふっと深呼吸をするくらいに感じることができれば、たとえケンカになっても心に余裕を持つことができます。

「したたかな人」ほど、このように頭の中で物事をいいほうに解釈するものです。たとえケンカになっても、「この人は私のことを愛しているから怒るんだ」と脳内変換できていたりします。

ケンカを避けるためには、そもそもストレスを溜めないことが大事です。

では、どうすればストレスを溜めずにいられるのでしょうか。私は常々次の三つのコツを推奨しています。

一つ目のコツは、「本人に直接言う」こと。

気になることを胸の内に溜め込まず、本人に直接言うようにすれば、ストレスを溜めずに済みます。ただ、本人を怒らせてしまう可能性もあるので、言い方やタイミングには注意しましょう。

とくに、できるだけ小出しにして、都度都度言うことが大事です。たくさんの不満を一度にぶつけると、相手も受け入れにくく、ケンカになる可能性が高くなります。


二つ目は「他人に共感してもらう」こと。

何か不満がある際、友達に話して共感してもらうと、だいぶんスッキリします。ただ、不満をパートナーと共通の友達・知人に言わないよう気をつけてください。話したことがパートナーに伝わると陰口のように受け止められて関係が悪化してしまいます。

また、あなたとパートナーとの関係自体を相性が悪い、別れたほうがいい、と決めつけている人に、パートナーの悪口を言うのはやめましょう。不満に共感はしてくれるでしょうが、その人はおそらく夫婦関係を壊す方向でアドバイスをしてきます。

それと、自分の実家の家族に不満を話す場合、あまりオーバーに言ってしまうと、大事な息子・娘を不幸にしている伴侶とイメージづけされて、離婚をしきりに勧められたり、帰省のときにギクシャクすることもあるので注意しましょう。

三つ目は「自分で完結する」です。

パートナーに文句を言ったり、友達に愚痴ったりせず、別の何かでストレスを発散するという方法もあります。友達とランチに行ったり、お酒を飲んだりするのもいいでしょうし、買い物をしてストレスを解消するのもおすすめです。


あと、これはあまりおすすめはしませんが、パートナーにバレないように、仕返しをする、というワザもあります。

「旦那デスノート」という会員制SNSがあります。「旦那は死ね」といった激しい言葉が投稿されているのですが、投稿者は実際には本当に殺意を抱いているわけではなく、ストレス解消の手段としてやっているわけです。あまりに過激な投稿もあるので問題視されてはいますが。

白状しますが、私の場合、元夫が大事にしていたスーツケースを踏みつけたり、わざとまずいご飯をつくったりしたことがあります。

あと、元夫に「戒名」、つまり亡くなった後の名前をつけて、仏壇の前で手を合わせたりもしました。変な話ですが、こんなことでも結構スッキリするものです。

聞いた話では、夫の歯ブラシで掃除をしたり、夫が愛人からもらったセーターに、着ているうちに破れるようにほんの少しだけ切り込みを入れた、という人もいます。

よくない振る舞いかもしれませんが、溜め込んでいる不満を爆発させて本人と大ゲンカして一気に関係が破綻するよりは、こういうちょっとした「仕返し」で気を紛らわすことも、場合によってはありかもしれません。

やり直すための「にこみの法則」

一度夫婦関係が冷え込んでしまうと、そう簡単なことでは元に戻りません。まず、ゆっくり時間をかけて温め直す覚悟を決めましょう。

そのときに覚えておいてほしいのが、次にあげる「にこみの法則」です。

まず第一に「逃（に）げない」こと。

夫婦関係が冷えてしまっている中、パートナーと向き合うのは大変です。そのストレスから、つい何もかも投げ出して一人になりたい、離婚したい、と思ってしまいがちです。でも、逃げてしまったら相手もかたくなになって係争の準備に入るので、とり返しのつかない結果になりかねません。とにかくパートナーから逃げないことを心がけてください。

次に「コ（こ）ミュニケーション」。

ただ逃げずに向き合うだけでは何も改善しません。どんなささいなことでもいいから、相手とコミュニケーションをはかり、関係改善の努力を続けましょう。

トラブルの原因についての話し合いだけがコミュニケーションではありません。日々の挨拶や、感謝の言葉、気遣いの言葉、プレゼント、といった小さなコミュニケーションを繰り返していくことで、パートナーの態度も軟化していきますし、努力の結果が少しでもかたちになるとうれしくなり、自分のストレスも減っていきます。

最後は「見（み）捨てない」こと。仮にパートナーが現在進行形で愛人と遊び回っていようが、関係改善、修復目的という点では、とにかく相手を見捨てたら終わりです。

どんなことがあっても、常に味方でいてくれるのが夫婦です。夫婦関係を続けたいなら、何があろうともパートナーを見捨てないことを心に誓いましょう。

場合によっては、夫婦のかたちにこだわらないほうがいいこともあります。

私の知り合いには、年に四ヵ月しか一緒に生活しない夫婦関係を営んでいる人もいます。私の事務所のスタッフだった人ですが、地元の秋田で商売をはじめたものの、夫は東京の自宅に住んでいるので、一緒に生活するのは年に四ヵ月だけだそうです。

でもそれで夫婦仲が悪くなるかというと、まったくそんなことはなく、むしろ羨ましいくらい仲がいいのです。

お子さんは、高校までは秋田で暮らして、大学から東京に出てきてお父さんと暮らしているとか。

意外とこういう適度な距離感を保つ夫婦のほうが、長くいい関係を続けていたりします。

「創業時の苦労」を思い出す

夫婦関係をやり直すためにとても役に立つテクニックをもう一つご説明します。

それは「創業時の苦労」を思い出すことです。

会社の経営が傾いてくると、社員の心もバラバラになりがちです。そんなとき「創業時の理念に立ち返る」ことで、会社の立て直しに成功することがあります。

夫婦関係は基本的に会社と同じです。会社で上司や同僚とうまくつき合うためのテクニックは、たいてい夫婦関係にも応用できます。

夫婦の関係が冷めてきたときに「原点に返る」のも、同じくとても効果があります。

パートナーのどんなところに惹かれて結婚したのか。結婚当初はどんな夫婦だったか。どんな夫婦になりたかったのか。そういったことを思い出し、再確認することで、お互いに相手のことをかけがえのないパートナーだと再認識できたりします。

その結果、少しくらいうまくいかないことがあっても、やっぱりこの夫婦関係を続けていこう、と思えるようになります。

たとえば結婚当初にパートナーのことをどう思っていたか、どんな夫婦になろうとしていたかを思い起こして手紙を書いてみるというのも手です。

その手紙は相手には見せず、自分のために取っておいて、あとで読み返してもいいし、実際に結婚記念日なんかにパートナーに渡してもいいと思います。

こういう手紙を送ると、パートナーは感激してくれるものです。中には「この手紙を棺桶に入れてくれ」と言う方もいたりします。それくらい感激したということです。

「縁や巡り合わせを知る」のはとても大事です。

この世界に無数の人間がいる中、男女が出合い、結婚したというのは、確率的にものすごく低い出来事です。いまは夫婦関係が嫌になっているかもしれませんが、もともとはとても貴重な「縁」だと考えるべきです。

私の場合、最初の夫との馴れ初めは「信号」でした。元夫が赤信号で車を停めていたときに、たまたま私が近くに居合わせて、気づいた元夫にクラクションを鳴らされ、「お茶でもいかないか」と声をかけられたのです。

元夫とはその前から知り合いでした。私がホンダのプレリュードという新発売でピンク色の、ちょっと派手な車に乗っていたので、元夫は一目で私だとわかったようです。

このとき、もし信号が青だったら、元夫に誘われることもなく、つき合っていなかったわけです。「縁」の不思議さを感じずにいられません。

二度目の結婚のときも、きっかけは偶然でした。大阪にいた知人が東京に元夫を連れてきたのですが、最初は「生意気なやつ」だと思っていました。でも、その知人が再び東京へ来て、「ご飯でもいかがですか」と誘われて、行ってみるとまた元夫がいたのです。

そのとき、私は食欲がなくてあまり行きたくなかったのですが、せっかく大阪から来てくれたので、がんばって顔を出そうと思ったのでした。元夫はやっぱり生意気で憎たらしいやつだったのですが、逆にインパクトがあって、記憶に残ったのです。それがきっかけとなり、後日つき合うことになりました。

もし「食欲がないので」と誘いを断っていれば、きっと彼と再婚することもなかったのです。

こうしたエピソードはだれにでもあると思いますが、きっかけを思い出して再認識すると、いかにいまの関係が貴重な縁か、身に染みて感じるものです。

それを再認識すると、別れるのがもったいないと感じられるものです。

二度とも離婚してしまった私が言うのも何なんですが。

なぜ「話が長い人」と言われてしまうのか

夫婦関係ではコミュニケーションが大事、と説明してきましたが、ではどのようなコミュニケーションがいいのでしょうか。

そもそも、会話には守るべき大切なポイントがあります。

それは「相手の状況を考える」こと。

「帰ってきたらこの話をしよう」「今日はちょっと嫌なことがあったから話を聞いてもらいたい」と、パートナーが帰宅した途端、立て続けに自分の話ばかりしてしまう人がいます。

でも、相手が仕事で疲れていたりすると、「そんなに一度に話されても困る」とか、「嫌な話を聞かせないでくれ」などと、ネガティブな反応が返ってきがちです。

こちらとしては、話して共感してもらいたかったのに、「うるさいな」という顔をされたり、「君のほうが間違っている」などと否定されると、ショックを受けてしまいます。

その結果、「逆ギレ」して、ケンカになってしまうこともあります。

こういう展開を避けるためにも、コミュニケーションを取る際は、相手の状況をよく考えるようにしましょう。

このコツは夫婦関係以外でも役立ちます。自分の都合ばかり話さず、相手が食いつきそうな話をするようにしましょう。

普段から相手が何に興味を持っているか調べておくと、会話に役立ちます。

元首相の森喜朗さんが「女性は話が長い」というような発言をして炎上したことがありましたが、男性の中には「女性の話はオチがない」としたり顔で言う人がいます。

それが事実かどうかは置いておくとして、「オチのある話し方」をするほうが好感を持たれやすいのは間違いありません。

オチをつける話し方を学ぶ方法として、落語を聞いてみるのも手です。

落語が難しいなら、お笑いとか漫才、講談でも構いません。

私のところに相談に来ている人で、妻から「話がつまらない」と言われて、離婚を切り出された大学教授の男性がいます。その人は関係改善のために一念発起し、ユーチューブで講談を聞いて、面白い話し方を一生懸命勉強したそうです。

その結果、間の取り方がうまくなり、抑揚がついて、話がうまくなったのです。努力すればできるのです。この人は離婚を回避することができました。

「前置き」するだけで大違い

もう一つ、コミュニケーションにおけるトラブル回避に役立つテクニックをご紹介します。

それは「前置き」をすることです。

たとえば会社で仕事中、用事があって同僚に話しかけたいとします。でも同僚は忙しそうで、話しかけづらい。そんなとき、いきなり話しかけると不快に思われることがあるので、「いま、ちょっとだけ話をしてもいい？」などと「前置き」すると、相手の態度も柔らかくなります。

夫婦関係でも同じです。「買い物のことでちょっと聞いてほしいことがあるんだけど、いい？」などと「前置き」するようにすれば、相手も話を聞く用意をしてくれるものです。もし何らかの理由で相手が話を聞けないときは、「ごめん、あとで」と言ってくれるはずです。

加えて、「相手を大切に思って話す」ことも大事なポイントです。

相手のことを「どうでもいい人」だと思っていると、つい話し方、伝え方がぞんざいなものになりがちです。そんな話し方だと会話は弾みませんし、相手はちょっとしたことで不快感を抱き、すぐケンカになってしまいます。

相手を大切な人だと思っていれば、そんな雑な言い方はそうそうできないものです。

長年、ギクシャクした夫婦を続けていて、離婚を考えている場合でも、これから関係を改善したいなら「相手を大切に思う」ことを改めて心がけてください。

本心から相手を大切に思って言動に出すのが照れくさくてできないとしても、せめて「フリ」をするようにしましょう。そうやって丁寧なコミュニケーションを続けていくことが、関係改善のためには不可欠ですから。

第六章　「この一言」だけは絶対に言ってはいけない

必須なのは「七つのコミュニケーション」

これまで、夫婦関係の改善においてもっとも重要なのは、小さなコミュニケーションを積み重ねることだと書いてきました。では、具体的にどのようなコミュニケーションが必要なのでしょうか。

まず基本として、次の「七つのコミュニケーション」を覚えておいてください。

① 日々のあいさつ

「おはよう」「いってらっしゃい」といった何気ない「あいさつ」は、人間関係においてとても重要です。とくに意味はなくとも、こうした言葉を掛け合うこと自体でコミュニケーションを円滑にして、お互いの信頼関係を築くもとになるのです。

その際、できるだけ気持ちのこもったあいさつを目指すとさらに効果的です。

ただ事務的に「おかえり」と言うより、ニコニコ嬉しそうに「おかえり！」と言われたほうが嬉しいものです。

職場では事務的な口調でも問題ないかもしれませんが、家に帰ったら職場より少しだけテンション高めを意識するといいでしょう。

② 感謝の言葉

「ありがとう」は人間関係においてとても大切な言葉です。何か手伝ってもらった、予定の変更を快く受け入れてくれた、など、細かいことであっても感謝の気持ちを言葉にしましょう。

会社で部下を持つ立場になると「このくらいのことはやってもらって当然」という、いささか横柄な態度が身についてしまう人もいます。すると家に帰っても、つい感謝の言葉を省いたりしがちです。

胸の内では感謝していても、あえて口にする習慣がない人もいます。気恥ずかしいと思う場合は、ちょっとした手紙にしたり、付箋に書いたり、ささやかなプレゼントをしたりして、できるだけ気持ちをかたちにすることを心がけてください。

③　宵越しのケンカはしない

何かのきっかけで言い争いになった場合には、すぐに謝罪して解決するのがベストです。ケンカはその日のうちに決着するよう心がけてください。

ただ、先に触れたように、自分のモラルや正義感を振りかざして、相手の感情や体調を無視して朝まで詰問するのはＮＧです。あくまで相手への配慮を忘れないようにしましょう。

④　「会話のない日」をつくらない

夫婦共働きの場合、お互いに多忙で話をする時間がとれない、ということもあります。

ただそんなときこそ、できるだけ会話の時間をつくるようにしてください。会話をしないことが当たり前になってしまうと、夫婦のコミュニケーションがどんどん減ってしまいがちです。できるだけコミュニケーションを習慣化させるようにしましょう。

ＬＩＮＥやショートメールなどを活用するのも有効です。膝を突き合わせて話し込む、というわけではなく、お互いのことを気遣っている、ということがわかるやり取りを積み重ねていくことが大切なのです。

⑤　スキンシップを欠かさない

肩をやさしく叩く、そっと手を握る、ちょっとしたハグをする、といった軽いスキンシップがあると、親密さが増すものです。もちろん夫婦関係においてもスキンシップはとても大事です。

日本人は握手やハグの習慣がなく、スキンシップが少なくなりがちです。そのため、とくに意識してスキンシップを増やすようにしてください。それだけでもギスギスした雰囲気が和らぐでしょう。

スキンシップが極度に苦手な人もいるので、そういう人にはなかなか難しいかもしれませんが、ちょっとしたスキンシップを拒絶されると相手は大いに傷つくものです。軽く肩を寄せ合うなど、本当に軽いスキンシップでもいいので、できる範囲でやってみてください。

⑥　年三回は「夫婦水入らずの日」をつくる

子どもが生まれてから世話に追われていると、夫婦二人で過ごす時間が減ってしまいがちです。そうなると、とくにケンカの原因がなくても、会話もなくなり、何となく夫婦関係が冷え込むこともあります。

そうならないように、誕生日や結婚記念日など、なるべく夫婦水入らずで過ごす日をつくるようにしましょう。

そうしたイベントを前にしたときは、予定について話し合うきっかけになりますし、イベント後も二人の時間を話題にすることができます。

最低でも年三回くらいそうした日があれば、夫婦関係にとってかなりプラスに働くでしょう。もちろん、それぞれの親やシッターさんなど、子どもをその間、預かってもらえる環境を整えることができるかどうかが問題にはなりますが。

子どもを預かってもらえる環境がなくても、せめて子どもと一緒に「夫婦二人の記念の時間」を楽しむようにしてください。

⑦ 相手より「器の大きい人」になる

前にも書きましたが、夫婦が衝突してしまうのは、「相手を自分と対等の存在として認識している」場合がほとんどです。

変に相手と対等の目線になって張り合おうとするより、内心「自分のほうが上」くらいにかまえてあしらっているほうが、相手に譲歩しやすいものです。

パートナーに非があるように感じる場合でも、ぐっとこらえて相手の「心の底の気持ち」に思いをはせるようにしましょう。

カチンとくるような相手の心ない言葉を真に受けてやり合うよりも、一歩引いて大人の対応を心がけましょう。

絶対に言ってはいけない一言

夫に言われて妻が思わず怒ってしまう代表的なフレーズとして、「家事とか手伝うから」があります。

夫のほうとしてはよかれと思って言っているのですが、女性が予想外に怒りはじめてしまい、ショックを受けてしまうこともあるようです。

「男性は外で仕事、女性は家事」という役割分担が暗黙に決まっていたのは昔の話です。女性の社会進出が進み、いまや共働きが当たり前。これまで専業主婦が担っていた「家事」「育児」を男性も分担するのはもはや当然、と受け止めている女性は多いことでしょう。

だから家事はお互いが負担すべきものなのに、それを「手伝う」と言うと、強い違和感があるわけです。「家事のメイン担当は女性側」という古臭い家父長的な考え方が透けて見えるのです。そもそも「手伝う」という言い方に、「上から目線」な態度を感じる人もいるでしょう。

働いている女性にとって、家に帰ってきてさらに家事をやるのは大変です。その上、子育てもやるとなると本当に重労働だと思います。

それを手伝うと言う夫の気持ちは大事なのですが、言い方に気をつけないと、相手の感情を逆なでしてしまうわけです。

ただ、感じ方は人それぞれという面もあります。ある程度以上の年齢の方だと、「家事は女性の仕事」という暗黙の了解を受け止めていて、夫に「手伝う」と言われれば普通に嬉しく思う人もいます。

逆に、男性に家事を手伝うと言われても、「自分のテリトリーに口出しされる」と感じてバッサリ断る人さえいます。そういう世代の感じ方を、いまの時代の主流のジェンダー意識を振りかざして批判するのはあまり生産的ではないと感じます。

妻に言われて夫がカチンとくる言葉もあります。「男のくせに稼ぎが少ない」などと言われていい気はしないでしょう。

そもそも家事の分担については、一緒に暮らす前からよく話し合っておくほうがいいでしょう。家事が苦手な人もいますし、「料理はできるけど、片付けは苦手」といった人もいますから。

「料理も洗濯も二人でやる」というよりも、それぞれが得意な作業を担当し、苦手な分野はパートナーにやってもらう、という「分担」で解決することも多いと思います。経済的に余裕があれば家事代行を頼んだりもできるので、二人で正直に話し合えば解決策はいろいろとあるものです。

「仕事だから」でブチ切れ

「仕事だからしょうがない」――。急に約束をキャンセルすることになった場合など、つい言ってしまいがちなフレーズですが、これが許せないという人も結構多いです。

だいたい、「しょうがない」とは言うものの、どうにかして仕事をキャンセルすることができる場合もあるものです。ケースによっては、実際には「しょうがなくはない」と何となく想像がつくこともあります。

そもそも、先に約束をしているのですから、仕事が入らないよう調整するのが当然です。その仕事を他の人に頼むという手もあるはずです。

同僚や上司にそういうお願いをするのが面倒だから、身内を泣かせようとしているのではないかと勘繰りたくもなります。

それに、仕事を理由にするのはちょっと卑怯というか、言い訳のように聞こえるところがあります。そのため「仕事だと言えば何でも許されると思うな」という、思わぬ拒絶反応を引き出してしまうのです。

そもそも予定をキャンセルするのなら、謝るべきです。謝りたくないから「仕事だから」と、あたかも正当な理由があるかのごとく装っているようにも疑われます。

本来なら、「キャンセルしてごめんね」と、謝罪の言葉が必要なところです。

さらに言えば、ただ謝るだけでなく「次はしない」とか、先のことについても約束しないとダメだと思います。

もちろん、本当に仕事が忙しい人もいるでしょうし、どうしても予定をキャンセルせざるを得ない場合は仕方ないとしても、それでも弁解の仕方を考えるべきだと思います。

「接待が入ったので、予定をキャンセルしたい。この接待で新規開拓できるかもしれないから、出なきゃいけないんだ」とか、「仕事だから」の一言で片付けずに、キャンセルせざるを得ない仕事の重要性を、こと細かく説明したほうがいいと思います。

丁寧に説明してくれるということは、相手のことを大事にしている、ないがしろにしていないという暗黙のメッセージになります。

場合によっては、これまでもお伝えしてきたように「フリ」でもいいので、言葉を尽くして丁寧な説明を心がけましょう。そうすれば、きっとパートナーもイラッとくることなく送り出してくれることでしょう。

「今日は飲み会になった」

よく似たフレーズですが、「今日は飲み会になった」と言って、予定をキャンセルしようとする人もいます。

「なった」と、まるでどこぞのだれかが勝手に決めたように言っていますが、もちろん、本人の意志で飲み会の予定を優先したわけです。

要するに「飲み会に行きたいから、予定をキャンセルしたい」というのが本音です。

自分の都合で予定をキャンセルしたいのですから、本来ならもっと下手に出て謝るべきです。それを言いっぱなしのように、「今日は飲み会になった」と自分には非がないかのごとくに堂々と居直るのでカチンとくるわけです。

こういう誤魔化しのフレーズを使うときの真意は、たいてい、パートナーの反論を恐れているものです。

「飲み会に出たいから、行ってもいいかな」と下手に出て頼むと「何よそれ！」ともろに反撃を喰ってケンカになりかねない、と恐れているのでしょう。

「職場が近ごろギクシャクしてるから」など、飲み会に出なければいけない理由はきっとあると思います。その理由も添えて正直に明かせば、相手も受け入れてくれるはずです。

ケンカになると思うのなら、居直ってやりすごそうとするのではなく、代替案や取引材料を添えて交渉してみてはいかがでしょうか。

「今日の予定をキャンセルする代わりに、次の週末にプレゼントを買う」などと「交換条件」を出せば、相手も「まあ仕方ない」と受け入れやすいでしょう。金額的に大したプレゼントではなくても、こういう姿勢を見せることが関係を円滑にするカギです。

「言ってくれればやったのに」は言わないほうがいい

ゴミ捨てをやってくれなかったとか、キッチンに洗い物が溜まっているのに、そのままにしていた、という家事をめぐる「あるある話」ですが、そんなときに「どうしてやってくれなかったの」と相手を問い詰めてしまう人がいます。

私の意見では、問い詰めること自体がよくないと思いますが、それでも「言ってくれればやったのに」と返すのは絶対NGです。

この手の話がケンカに発展する原因は、「言われなくてもやって当然」と片方が思い込んでいることです。

だから、本来やるのが当然で、指示がなかったからといってやらなくていいという理屈は通らないだろうと怒っているわけです。

なのに「言ってくれればやった」と、あたかも相手が指示を出すのを怠ったかのように答えるのは、責任転嫁、言い訳論法と感じられて、イラッとさせてしまうのです。

また、「言ってくれればやったのに」のウラには、「そんなの簡単などうでもいいことじゃないか」という意識があるのかもしれません。

ゴミ出しとか、トイレットペーパーの補充だとか、そういった日々のルーティン、難易度が低いタスクだから、「いまやらなくたっていい」と軽く考えているのでしょう。

「いまやらなくてもいいのに、いちいちうるさいなあ」と内心では考えていても不思議ではありません。

「気づいているなら、いちいち人に言わず自分でやってくれよ」という気持ちさえ透けて見える気がします。

たしかに、人にやってもらうよりも、自分でやったほうがラクだったりします。人に指示を出すのは気も遣うし、反感を買うリスクもあるので、結構大変です。「やって当然」という顔をせず、丁寧にコミュニケーションを取っていくことが大事です。

もし本当に「リマインドや指示の言葉がほしい」と思っているなら、「言ってくれればやったのに」という言い方はやめて、「悪いけど、忘れちゃうからそのとき言ってくれたら嬉しい」などと言ってみてはいかがでしょうか。

「嬉しい」の一言があると、だいぶ印象が変わります。

「いまやろうと思ってた」は余計

「言ってくれればやったのに」に近いですが、「いまやろうと思ってた」も、カチンとくる言い方です。

こういう言い方をすると、「嘘つくなよ」と思われてしまいます。本当はやるつもりだったとしても、このフレーズを使うと損をしてしまいます。

要するに、ただの言い訳にしか聞こえないのです。

そもそも、人間だれしもやる気が出ないことはありますし、うっかり忘れてしまうことは避けられません。

だから、忘れていたとしても、それは普通のことです。一言「ごめん」と言って謝れば済むこと。わざわざ弁解を試みて相手の心証を悪くする必要はないと思います。

世間にはなかなか謝罪しない人もいますが、非が明らかなのに「自分は正しい」と主張し続けることほど、他人を怒らせる態度はありません。

謝れない人は、自分はいつも完全無欠でないとダメだ、と思っているのかもしれません。でも、人間はだれしも間違えます。間違いをしない人などはいません。

誤りを認めなければ、自分の名誉が保たれる、などということはありません。みんなはっきり言わないだけで、「この人は自分の誤りを認めない」と思われると、周囲からの評価がどんどん下がってしまい、相手にしてもらえなくなります。

そもそも夫婦関係において、誤りやトラブルがいっさいない、ということはありえません。長いつき合いの間、数々のトラブルに見舞われるのが普通です。

なのに「自分は誤りをおかしていない」とふんぞり返ってドヤ顔をしていては印象がよくありません。

「いつも正しい」という人は存在しません。そう主張する人は、きっと周囲から「謝らない傲慢な人だ」と眉をひそめられているのです。

むしろ細かいことでも謝罪したほうが、よほど好感度があがります。

一方、そもそも相手のミスをネチネチ追及しない姿勢も大事だと思います。

「いまやろうと思ってた」という、いかにもテキトーな言い訳を相手がするのは、謝罪すると自分に不利益があると考えてかたくなになっている可能性があります。

「ミスを認めるとケンカになる」という恐れがあるのかもしれません。

ささいなミスを追及せず、寛容に接する、という姿勢があなたにないから、相手は全力で言い訳してくるのかもしれません。


パートナーが何かミスをしていないか、重箱の隅をつつくようにチェックしていないでしょうか。

自分の言動が知らず知らずのうちにパートナーを追い詰めていることもあります。相手がどう受けとっているのか、相手の立場で一度よく考えてみることも必要でしょう。

また、「言い訳」臭くならないためには、相手にそう思われないように、こちらから先に「言い訳に聞こえるかもしれないけど」としっかり前置きしてから理由を丁寧に説明するといいでしょう。

「ちょっと今日は体調が悪くて、やる気になれなかった」というのも立派な理由でしょうし、素直に話すほうがトラブルが少ないものです。

また逆に相手は「理由を説明してくれないのが不満」と思っている場合もあります。

「説明するとトラブルになる」と思い、説明をやめてしまうよりも、丁寧に自己主張したほうがいい結果につながると思います。

無関心がにじみ出ている「好きにすれば」

「今日、ハンバーグとパスタ、どっちがいい?」などと聞くと、返ってきがちなのが次のフレーズです。

「どっちでも、好きにすれば」

外で食事をするとき、和食にするか洋食にするかで迷ってしまった、といったシーンで、ついこんな一言を放っている人も多いのではないでしょうか。

同様の言い方に、「何でもいいよ」もあります。

「好きにすれば」と言う側は、一応相手に気を遣ったつもりだったりします。相手に選択権を委ね、「自分は相手に合わせる」と言っているのです。

でも、本当に相手を信頼して任せているかというと、そうは見えません。むしろ、相手と細かくコミュニケーションを取るのが面倒だから、「好きにすれば」と、放り出しているように聞こえます。

本当はハンバーグを食べたい。でも相手にそれを言うと、「ハンバーグは脂っこいから嫌だ」などと反対されそうだ。

どうせ相手の言い分ばかり通るのだから、提案するだけムダ。最初から諦めて相手に合わせるほうがラクだ……そんなやる気のなさが透けて見える気がしますが、どうでしょうか。

「好きにすれば」と言う側にも同情できる部分があります。自分の好みを伝えても、即却下されるか、下手をすれば「年齢を考えなさい」とか「もっと真面目にダイエットしたら」と説教されかねないというイメージを持っているから、口にできないのでしょう。

「本当はハンバーグを食べたい」のに、そう言えないのは、相手との関係性にも原因がありそうです。

ただ、やはり「好きにすれば」というフレーズはおすすめできません。

もっと丁寧かつ具体的に答えたほうがいいと思います。食べたいものが洋食なのか、お蕎麦なのか、具体的に提案がなければ聞いたほうからしても話し合いようがありません。

それを「好きにすれば」で片付けると、コミュニケーション自体を拒否されているようで、何となく嫌な気がしてしまうものです。

だいたい、「今日、食べたいものは?」などと聞くのは、相手に合わせたいという優しい気持ちがあるから言っているのです。なのに「何でもいい」と言われると、好意を無下にされた感じもあって、ショックを受けたり、腹立たしく思ったりします。

「こう聞いてくれるということは、きっと、自分の意見に合わせてくれるんだな。だったら好きなハンバーグをリクエストしてみよう」と考えられれば、一番いいでしょう。

もし何かの事情でハンバーグはＮＧなら、相手がその理由も言ってくるはずです。だったらほかのメニューをリクエストしてもいいし、こういうやり取りこそがコミュニケーションであり、繰り返すことで、信頼関係が醸成されていくのです。

「好きにすれば」と放り出すのではなく、もっとちゃんと相手の気持ちを受け止めて具体的に答えたほうがいいでしょう。

上から目線の「まあまあうまくできてるじゃん」

先にも触れましたが、いまでは共働きが多数派になり、家事は男女平等に分担すべきだと考える人が増えています。

そんななか、家事のやり方に何の気なく突っ込みを入れてしまうと、相手はダメ出しされたと傷ついて、場合によってはケンカになってしまうかもしれません。

「こうしたほうがいいんじゃない？」などとアドバイスすることは悪いことではありませんが、できるだけ言い方に気を遣う必要があります。

たとえば「今日の料理はまあまあうまくできてるじゃん」などという言い方をされたらどう思いますか？

言う側は一応ほめたつもりなのでしょうが、「上から目線」だと感じる人が多いはずです。

本当にほめるつもりなら「まあまあ」という中途半端な言い方はやめるべきです。「まあまあ」をつけたことで、ほめているのか、けなしているのかわかりにくくなってしまっています。

ほめる目的は、相手の気分をよくすることです。そのためほめる場合は、少しオーバーなほめ方のほうがいいのです。

実際には「まあまあ」と感じたとしても、それを相手にそのまま伝えても相手の気分がよくはならないはずなので、「すごく上手」などと言い換えるようにしてください。

あからさまにほめるのは何となく照れくさい、という人もいると思います。でも、「まああ」をつけて相手が怒ってしまうのは本末転倒。

そういうお世辞の上手な、「したたかな人」を目指すと、コミュニケーションのトラブルは目立って減ってきます。

もちろん、お互いの関係性によっても受け取り方は変わってきます。「まあまあ」でも、「この人が『まあまあ』と言うのは、ほめているってことだね」と理解してくれるなら、問題はないわけです。

ただ、普通は少しほめすぎなくらいにほめておいたほうが、目的にかなっているし、誤解されにくいでしょう。

どうしても本音を伝えたいなら、「イエスバット話法」を使う手もあります。

ただ「まあまあ」とだけ言うのではなく、「とても美味しいよ。けど、もう少し薄味のほうが好きかな」などと言うほうが、相手は受け入れやすいでしょう。

また、漠然と「まあまあ」と言うよりも、そう判断した理由などを細かく説明したほうが、誤解を招く恐れが少ないはずです。

「そっちこそやってないよね」でバトル不可避

「そっちこそやってないよね」

——これは絶対に言ってはいけないフレーズです。

もし頭に浮かんだとしても、飲み込んで寸止めしてください。でなければ、きっと大ゲンカになってしまいます。

なぜ言ってはいけないかというと、水掛け論になるからです。

いつまでたっても結論に達することができない水掛け論に、いい点は何一つありません。

言いたくなる気持ちはわかります。たとえば「ゴミ捨てをやってないよね」と言われても、相手がそれまでにやらなかったことがあれば、不満に思うのは当然です。「そっちこそゴミ捨てやってないよね」と言いたくなってもおかしくはありません。

でも、これは議論のルールに違反しています。相手から「ゴミ捨てをやっていない」と指摘されたことへの答えになっておらず、話をすり替えているからです。

「最近仕事が忙しくて、家事をやるのが億劫《おっくう》なんだ」とか、言い訳でもいいので理由を説明して、それについて話し合うというなら、まだわかります。

でも、ただ言い逃れるために、「そっちこそ」と言うのは卑怯なやり方です。こういう反則技ばかり使っていると、まともな人間関係を築くのは難しいでしょう。


もう覚悟を決めた、一度大ゲンカしても構わない、と思っているなら、「そっちこそやってないよね」は「挑発」の言葉として機能するでしょう。いわば格闘技のゴングのようなものです。

でも普通の人はたいてい、ケンカは避けたいはずです。

どうしても反論したいのなら、「イエスバット話法」を応用して、次のように言ってみてください。

「たしかに自分はゴミ捨てをしなかった。それは悪い。でも、そっちもゴミ捨てを忘れていることがある。自分ばかり怒られるのは不公平だ」

また、反論するとしても、その場ですぐ言い返すのではなく、後日、平穏なムードのときにやんわりと蒸し返すほうがまだマイルドになり、相手に伝わります。

「○○するのは当たり前でしょ」がカチンとくる理由

たとえば目の前にテーブルがあり、食べこぼしがあって少し汚れているとします。相手から「テーブルを拭くのは当たり前でしょ」と言われたら、どう思うでしょうか。たいていはかなりカチンとくるのではないでしょうか。

先にアサーションの話をしましたが、アサーションでは「I（アイ）メッセージで話す」という原則があります。

「Iメッセージ」とは、要するに「私は〜」という「私」を主語にする言い方のこと。テーブルが汚い。だから拭いてほしい。それはいいのですが、「拭くのが当然、常識でしょ」と言ってしまうと、相手は嫌な気持ちになります。

まるで「あなたはテーブルを拭くという常識に欠ける、ひどい人間だ」とでき損ない扱いしているようにも聞こえるからです。

そもそも「テーブルを拭かない人」がいても、別にその人が悪いわけではありません。「机やテーブルの上が散らかっているほうが落ち着く」という人だっているのです。

だから「テーブルを綺麗にしたい」のはあくまで「私がやってほしいこと」であり、「拭くのが当然」ではないと考えるほうがいいのです。

つまり「私はテーブルが汚れているのが好きじゃないから、綺麗にしてもらえないかな」と言えば、相手も「ああそうか、気がつかなくてごめん」と受け入れてくれたりするわけです。

このように、「私は〇〇してほしい」という「Iメッセージ」にするだけで、人間関係はずっとうまくいきます。

ただ、慣れていないと、「Iメッセージ」で話すのは意外と難しかったりします。他人に対して「〇〇してください」と、「要求」し、「自己主張」することに慣れていない人は多いと思います。

しかし、抽象的なお願いではわかりにくく、それよりは「自分」の要望をはっきり伝えるほうが、相手は受け入れやすいのです。

うまく自己主張できない人は、とにかく「嬉しい」とつけるようにしてみてください。

「テーブルを拭いてくれると嬉しい」と、とにかく「嬉しい」の一言をつけるだけで、かなり印象がよくなります。

結局、ものは言いよう——実践的言い換えフレーズ例

「ものは言いよう」と言いますが、同じことを口にするにしても、ちょっとした言葉のチョイスで相手に与える印象は大きく変わります。

以下に掲げるのは、人間関係で使わないほうがいいフレーズと、その言い換えの例になります。

ここにあげる言葉は、そのまま口に出さずにできるだけ言い換えるようにしてみてください。それだけで、コミュニケーションのトラブルは大きく減らせると思います。

「地味な」……素朴な、シンプルな
「仕事が遅い、のろい」……こつこつ、丁寧、慎重
「無趣味」……仕事熱心
「鈍い」……おっとり、マイペース
「時間を守らない」……いつも忙しい
「優柔不断」……思慮深い、やさしい
「おとなしい」……もの静かな、協調性の高い

「口うるさい人、一言多い人」……論客
「飽きっぽい」……多趣味
「芽が出ない」……大器晩成
「意見がない人」……中立的な人
「老けている」……落ち着いた
「マザコン」……母親思い
「無愛想」……クール
「要領が悪い」……マイペース
「悪趣味」……独特なセンス、個性的
「流行おくれ」……時代に流されない、信念がある
「古臭い」……伝統を大切にしている
「気が弱い」……ナイーブ、繊細
「デブ、太っている」……貫禄《かんろく》がある、恰幅《かっぷく》がいい
「騒々しい人」……雰囲気を盛り上げてくれる人、賑やかな人、活気がある人
「文句が多い人」……自分の意見を持っている人
「うまく立ち回る人」……周囲が見えている人

「無礼な人」……物怖じしない人
「狭い」……コンパクト、こぢんまりした
「ありきたり」……定番、人気
「安物」……リーズナブル
「ミス」……行き違い
「不味い、美味しくない」……好きな人にはたまらない、ちょっと変わった味
「仲が悪い」……感覚や価値観が違う

おわりに

夫婦とは、まったくの他人だった男女が結果のみではなく「縁」で結ばれた関係です。きっかけについて考えてみると、偶然のめぐりあわせがなければありえないくらいの低い確率だったということも珍しくありません。私自身の場合を振り返っても、あのとき信号が青だったら、車の色があの色じゃなかったら、そして仕事を終えて食事に行かなかったら前夫と出会えていませんでした。

そのくらい、いくつもの奇跡を経て知り合った後も、お互いを知る努力を続けてようやく結婚に至ったのです。この人ならわかってくれる、この人なら支えてくれると信じて一緒になったからこそ、相手に期待もするし、ちょっとした心ない一言に「裏切られた」と受け取ってしまうのです。

ＡＩが台頭して人間が人工知能に取って代わられると言われているこの時代でも、人間のコミュニケーション能力は真似できないと言われています。違う環境に育った人間だから、違う個性やジェンダーだからこそ、お互いが強く自分の主張を相手にぶつけたり、自分のことをわかってもらおうとして、ついカチンとくる余計な一言を言ったりしてしまうのです。それは、感謝しているのにありがとうが言えなかったり、申し訳ないと思っていてもごめんねが言えなかったりと、できるはずのコミュニケーションが上手にできない人たちが増えていることも関係していると思います。

仕事場では気遣いができても、身近にいる存在にはどうしても甘えが出てぞんざいになってしまうものです。でもこの本を読んでもう一度、恋愛中のころの相手を想う気持ちに戻って、一番大切なパートナーへの気持ちの伝え方を会得してほしいのです。

「愛とは技術である」とエーリッヒ・フロムの名著『愛するということ』(紀伊國屋書店)にありました。大切なパートナーに感謝と労いの気持ちを伝えるために、コミュニケーションにも【技】を使って【コツ】をつかんでほしいのです。

円満夫婦の秘訣は間違っていたら謝ること、謝ってくれたら許すことです。お互いを大切に思いやって、日々の笑顔をいっぱい増やすことです。笑顔あふれる両親から愛情いっぱいに育った子どもたちが明日の日本を担ってくれる――そんな大きな野望を持って三四年間、私は相談現場に立っています。

この本を手に取ってくださった方々が、言葉と気持ちの伝え方の技術をいち早く習得できるように、たくさんの方々の協力を得て事例を書かせていただきました。

私、岡野あつこは、「お客さまの「人生の幸せ」のために、高品質なカウンセリングを提供し続けます」という社是を掲げるとともに、頼ってきてくださる相談者の皆さんの本来の幸せのために、元気でいる限り相談現場で現役を続け、志ある後進のカウンセラーを育成していこうと思っています。

岡野あつこ

二〇二四年一一月

編集協力　名古屋剛

岡野あつこ

1954年、埼玉県生まれ。立命館大学産業社会学部卒業。立教大学大学院修士課程（社会デザイン学）。夫婦問題研究家、パートナーシップアドバイザー。公認心理師。34年間で約4万件の相談を受ける。「結婚・再婚のアツコブライダル」、「離婚相談救急隊」を運営し、夫婦問題カウンセラー育成も行う。YouTube「岡野あつこチャンネル」は登録者6万人以上。「特定非営利活動法人　日本家族問題相談連盟」理事長。目白大学短期大学部非常勤講師。

講談社＋α《プラスアルファ》新書　881-1 A

なぜ「妻《つま》の一言《ひとこと》」はカチンとくるのか？

夫婦関係を改善する「伝え方」教室

岡野《おかの》あつこ
©Atsuko Okano 2024
2024年11月18日第1刷発行

発行者――――篠木和久

発行所――――株式会社 講談社

東京都文京区音羽2-12-21 〒112-8001

電話 編集(03)5395-3522

販売(03)5395-5817

業務(03)5395-3615

デザイン――――鈴木成一デザイン室

カバーイラスト――腹肉ツヤ子

カバー印刷――――共同印刷株式会社

印刷――――株式会社新藤慶昌堂

製本――――牧製本印刷株式会社

KODANSHA

定価はカバーに表示してあります。

落丁本・乱丁本は購入書店名を明記のうえ、小社業務あてにお送りください。

送料は小社負担にてお取り替えします。

なお、この本の内容についてのお問い合わせは第一事業本部企画部「＋α新書」あてにお願いいたします。

本書のコピー、スキャン、デジタル化等の無断複製は著作権法上での例外を除き禁じられています。本書を代行業者等の第三者に依頼してスキャンやデジタル化することは、たとえ個人や家庭内の利用でも著作権法違反です。

Printed in Japan

ISBN978-4-06-537858-8

講談社＋α新書

書名	著者	内容	価格	番号
人間ってなんだ	鴻上尚史	「人とつきあうのが仕事」の演出家が、現場で格闘しながらずっと考えてきた「人間」のあれこれ	968円	855-1 C
人生ってなんだ	鴻上尚史	たくさんの人生を見て、修羅場を知る演出家が考えた。人生は、割り切れないからおもしろい	968円	855-2 C
世間ってなんだ	鴻上尚史	中途半端に壊れ続ける世間の中で、私たちはどう生きるのか？　ヒントが見つかる39の物語	990円	855-3 C
奇跡の小売り王国「北海道企業」はなぜ強いのか	浜中　淳	ニトリ、ツルハ、DCMホーマックなど、北海道企業が各業界のトップに躍進した理由を明かす	1320円	856-1 C
その働き方、あと何年できますか？	木暮太一	ゴールを失った時代に、お金、スキル、自己実現を手にするための働き方の新ルールを提案	968円	857-1 C
脂肪を落としたければ、食べる時間を変えなさい	柴田重信	肥満もメタボも寄せつけない！　時間栄養学が教える3つの実践法が健康も生き方も変える	968円	858-1 B
2002年、「奇跡の名車」フェアレディZはこうして復活した	湯川伸次郎	かつて日産の「V字回復」を牽引した男がフェアレディZの劇的な復活劇をはじめて語る！	990円	859-1 C
世界で最初に飢えるのは日本　食の安全保障をどう守るか	鈴木宣弘	人口の六割が餓死し、三食イモの時代が迫る。農政、生産者、消費者それぞれにできること	990円	860-1 C
中学生から大人まで楽しめる　算数・数学間違い探し	芳沢光雄	中学数学までの知識で解ける「知的たくらみ」に満ちた全50問！　数学的思考力と理解力を磨く	990円	861-1 A
昔は解けたのに……　大人のための算数力講義	芳沢光雄	数的思考が苦手な人の大半は、算数で躓いている。いまさら聞けない算数の知識を学び直し	1320円	861-2 C
高学歴親という病	成田奈緒子	なぜ高学歴な親ほど子育てに失敗するのか？　山中伸弥教授も絶賛する新しい子育てメソッド	990円	862-1 C

表示価格はすべて税込価格（税10％）です。価格は変更することがあります

講談社＋α新書

悪党 潜入300日 ドバイ・ガーシー一味
伊藤喜之
「日本を追われた者たち」が生み出した「爆弾告発男」の本当の狙いとその正体を明かす！
1100円 863-1 C

完全シミュレーション 台湾侵攻戦
山下裕貴
来るべき中国の台湾侵攻に向け、日米軍首脳は分析を重ねる。「机上演習」の恐るべき結末は――
990円 864-1 C

ナルコスの戦後史 ドラッグが繋ぐ金と暴力の世界地図
瀬戸晴海
ヤクザ、韓国反社、台湾黒社会、メキシコカルテル、世界の暴力金脈を伝説のマトリが明かす
1100円 865-1 C

The アプローチ スコアを20打縮める「残り50ヤード」からの技術
タッド尾身
タイガー、マキロイ、ミケルソンも体現した欧米式ショートゲームで80台を目指せ！
1100円 866-1 C

「山上徹也」とは何者だったのか
鈴木エイト
安倍晋三と統一教会は彼に何をしたのか、彼の本当の動機とは、事件の深層を解き明かしてゆく
990円 868-1 C

在宅医が伝えたい
「幸せな最期」を過ごすために大切な21のこと
中村明澄
相続・お墓など死後のことだけでなく、じつは大切な「人生の仕舞い方」のヒントが満載
990円 869-1 B

「人口ゼロ」の資本論 持続不可能になった資本主義
大西広
なぜ少子化対策は失敗するのか？ 日本最大の難問に「慶應のマル経」が挑む、待望の日本再生論
990円 870-1 C

薬も減塩もいらない
1日1分で血圧は下がる！
加藤雅俊
血圧を下げ、血管を若返らせる加藤式降圧体操を初公開。血圧は簡単な体操で下がります！
968円 871-1 B

1日3分！
血圧と血糖値を下げたいなら血管を鍛えなさい
加藤雅俊
血管は筋肉です！ つまり、鍛えることができます。鍛えるための画期的な体操を紹介します
968円 871-2 B

この間取り、ここが問題です！
船渡亮
間取りで人生は大きく変わる！ 一見よさそうな間取りに隠された「暮らしにくさ」とは!?
1034円 872-1 D

俺たちはどう生きるか 現代ヤクザのカネ、女、辞め時
尾島正洋
スマホも、銀行口座も持てないのになぜヤクザを続けるのか。新たなシノギと、リアルな本音
990円 873-1 C

表示価格はすべて税込価格（税10%）です。価格は変更することがあります

講談社＋α新書

国民は知らない「食料危機」と「財務省」の不適切な関係
鈴木宣弘
森永卓郎
日本人のほとんどが飢え死にしかねない国家的危機、それを放置する「霞が関」の大罪！
990円 860-2 C

世界の賢人と語る「資本主義の先」
井手壮平
経済成長神話、格差、温暖化、少子化と教育、限界の社会システムをアップデートする！
990円 874-1 C

健診結果の読み方 気にしたほうがいい数値、気にしなくていい項目
永田宏
血圧、尿酸値は知っていても、HDLやASTの意味が分からない人へ。健診の項目別に解説。
990円 875-1 B

なぜ80年代映画は私たちを熱狂させたのか
伊藤彰彦
草刈正雄、松田優作、吉川晃司、高倉健、内田裕也……制作陣が初めて明かすその素顔とは？
1100円 876-1 D

刑事捜査の最前線
甲斐竜一朗
「防カメ」、DNA、汚職から取り調べの今、「トクリュウ」まで。刑事捜査の最前線に迫る
990円 877-1 C

コカ・コーラを日本一売った男の学びの営業日誌
山岡彰彦
Fランク大出身、やる気もないダメ新人が、セールス日本一を達成した机上では学べない知恵
990円 878-1 C

政権変容論
橋下徹
自民党も野党もNO！　国民が真に求めているのは、カネにクリーンな政治への「政権変容」だ
1000円 879-1 C

「エブリシング・バブル」リスクの深層 日本経済復活のシナリオ
エミン・ユルマズ
永濱利廣
日本株はどこまで上がるか？　インフレに私たちは耐えられるのか？　生き抜くための知恵！
990円 880-1 C

なぜ「妻の一言」はカチンとくるのか？ 夫婦関係を改善する「伝え方」教室
岡野あつこ
約4万件の夫婦トラブルを解決した離婚カウンセラーのギスギスしないコミュニケーション術
990円 881-1 A

表示価格はすべて税込価格（税10％）です。価格は変更することがあります